ग़ज़ल

पंकज शर्मा

'होशियारपुरी'

AuthorHouse™
1663 Liberty Drive
Bloomington, IN 47403
www.authorhouse.com
Phone: 1-800-839-8640

First published by AuthorHouse 04/04/2011

ISBN: 978-1-4567-5930-8 (sc)
ISBN: 978-1-4567-5732-8 (hc)
ISBN: 978-1-4567-6070-0 (e)

Library of Congress Control Number: 2011904898

Printed in the United States of America

WITH THE BLESSINGS OF

"SHRI SAI BABA"

I DEDICATE THIS BOOK TO

MY FATHER

'SH. VED PRAKASH SHARMA'

लेखक परिचय

पंकज शर्मा - हिमाचल प्रदेश के एक छोटे से गाँव 'मरवाड़ी' में पैदा हुए | वह तीन साल के भी नहीं थे जब उनके पिता श्री वेद प्रकाश शर्मा का स्वर्गवास हुआ | पिता के देहांत के बाद उनकी माता श्रीमती ऊषा रानी शर्मा उन्हे तथा उनकी छोटी बहन पूजा को लेकर होशियारपुर आ गईं जहां उनका बचपन बीता | उनकी आरंभिक शिक्षा दयानंद माडल स्कूल तथा शिशु शिक्षा मंदिर से हुई | उन्होंने सनातन धर्म महाविद्यालय होशियारपुर से वाणिज्य विषय में तथा राजीव गांधी महाविद्यालय भोपाल से कानून के विषय में स्नातक की शिक्षा ग्रहण की | उनके जीवन तथा शिक्षा में उनकी माता का बहुत बड़ा योगदान रहा है, जिन्होंनें अपनें जीवन में कड़ी मेहनत की और अपना सारा जीवन अपनें बच्चों के लिए न्यौछावर कर दिया |

उन्होंनें अपने जीवन में अनेक उतार-चढ़ाव देखे और एक स्कूटर मकैनिक से शुरुआत करके उन्होंनें अपने आप को एक प्रतिष्ठित वकील के तौर पर स्थापित किया | बचपन से ही उन्हें कला से बेहद लगाव रहा है | विद्यालय में वह नाटक तथा अन्य कला एवं खेल सम्बन्धी प्रतियोगिताओं में भाग लेते रहे हैं | उनके

जीवन में उनकी शिक्षिका श्रीमति सरला शर्मा का बहुत बड़ा योगदान रहा है जिन्होंने उनके द्वारा चलाए जा रहे बाल विकास कार्यक्रम के अन्तर्गत उन्हें जीवन के मूल्यों से परिचित करवाया तथा एक बच्चे में जीवन को समझनें की प्रेरणा दी |

कविता से उनका लगाव बचपन से ही था | बचपन में उन्हें निराला, हरिवंश राय बच्चन, अम्रिता प्रीतम आदि की कविताएं बहुत अच्छी लगतीं थीं | उन्होंने अपनी सबसे पहली कविता ग्यारह वर्ष की आयु में लिखी जो देश भक्ति से प्रेरित थी | उनके बचपन की कुछ कविताओं को भी इस पुस्तक में प्रकाशित किया गया है | धीरे-धीरे समय के साथ उनके लेखन में परिपक्वता आती गई | इस सफ़र में उनके मित्र वरिन्दर शर्मा का विशेष योगदान रहा है जिन्होंने उनका परिचय ग़ज़ल से करवाया तथा उन्हें 'होशियारपुरी' का ख़ुलूस दिया | उनके मित्र वरिन्दर सिंह तथा डा. बलबीर कुमार ने भी उनहें इस कला में आगे बढ़ने के लिए प्रेरित किया जिनके वह सदा आभारी हैं | उनके ऊपर मिर्ज़ा गालिब, फ़राज़ और पंजाब के मशहूर कवि शिव कुमार बटालवी का भी काफी प्रभाव रहा है | होशियारपुर जिसे संतों का शहर भी कहा जाता है, जिसका सम्बन्ध बाबा फरीद, बाबा बुल्ले शाह जैसीं शख़्सियतों से रहा है तो ऐसे शहर

में उनके मन पर उनका प्रभाव पड़ना लाज़मी था | समय के साथ ज़िन्दगी का सफर चलता गया और हर नए मोड़ पर एक नई प्रेरणा के साथ उनकी कविताएं उनके जीवन में आती गईं, कभी ख़ुशी बन कर कभी दर्द और कभी मौहब्बत, कभी जुदाई बन कर | ज़िन्दगी के अनेक पहलुओं को उन्होंने करीब से देखा और सबसे बड़ी चीज़ कि जीवन के उन पहलुओं को उन अहसासों को ग़ज़ल में उतारनें की कला, जिसे वह ईश्वर का दिया हुआ एक वरदान मानते हैं | उन्होंनें इस कला के लिए कोई भी विशिष्ट शिक्षा नहीं ली, बस अपने ख़यालों को अपनें अल्फाज़ों मे ढालते चले गए | लेकिन आज भी वह एक ऐसे शख्स की तलाश में हैं जो उनकी इस कला को निखार सके और उनका मार्गदर्शन कर सके |

जिन्दगी का सफर जो मरवाड़ी से शुरू हुआ वह इस समय कनाडा के ब्राईटन, ओन्टारोयो तक पहुँच चुका है जहाँ वह अपनी पत्नी मोनिका, पुत्री सानवी तथा पुत्र सामन्यु के साथ रह रहे हैं | जीवन में अपनी माँ को अपना आदर्श मानते हैं तथा जीवन में जीवन के अर्थ को समझना तथा उसे सार्थक बनाना ही उनका मुख्य लक्ष्य है |

प्राक्कथन

हर इन्सान का एक अलग चेहरा होता है जो उसकी पहचान होता है लेकिन अगर हम देखें तो वो चेहरा बढ़ती उम्र के साथ-साथ बदलता रहता है | हर वक्त बदलते हुए भी उसकी पहचान कायम रहती है, वह चेहरा एक इन्सान की पहचान बना रहता है | वैसी ही हर इन्सान की ज़िन्दगी होती है जो हर चेहरे की तरह हर इन्सान की अपनी एक अलग पहचान बनती है और बदलते वक्त के साथ बदलती रहती है, हर पल, हर कदम एक नया अहसास जो इन्सान के जीवन में हर वक्त एक नई कहानी लिखता है, वो कहानी जो हर इन्सान की अपनी होती है, मुकम्ल तौर पर उसकी अपनी, उसके चेहरे की तरह उसकी अपनी पहचान जिसको हर शख्स सजाता है, सँवारता है |

लेकिन जैसे चेहरे अलग होते हुए भी सब में एक समानता होती है, नाक,मुँह,कान,आँखें सब समान होता है इसी तरह हर किसी की ज़िन्दगी भी अलग-अलग होते हुए समान होती है, वही ग़म,ख़ुशी, हँसना,रोना, मिलना, बिछुड़ना आदि. इसी लिए कहीं न कहीं हम सब अलग होते हुए भी एक जैसे होते हैं, हमारे अहसास एक होते हैं, हमारे जज़्बात एक होते हैं |

उन्हीं जज़्बातों और अहसासों को इस पुस्तक में पिरोनें की एक कोशिश है जो ज़िन्दगी में ग़ज़ल बन कर आए | ज़िन्दगी के उसी दर्द,ग़म,ख़ुशी,दोस्ती,मौहब्बत,मिलन,जुदाई इन सभी अहसासों को इस पुस्तक में बयान करने की एक कोशिश की गई है | यह कहना मुश्किल है कि यह कोशिश कहां तक मुकम्मल हुई लेकिन यह सफ़र अभी भी जारी है| इस बात का फैसला आप के ऊपर है कि आप मेरी ज़िन्दगी के इन अहसासों को अपने कितना करीब पाते हैं |

ग़ज़ल एक कला है, अपने आप में मुकम्मल, जो अपने आप में बहुत सारे अहसासों को समेटे हुए रहती है, जिसे हम अपने जितने करीब पाते हैं वह हमें उतनी ही ख़ूबसूरत लगती है, अपनी लगती है | ग़ज़ल सोच की वह अथाह गहराई है जिसमें आप जितना उतरते जातें हैं उतनें ही मोती आपको मिलते जाते हैं | ग़जल सिर्फ और सिर्फ ग़म का बयान नहीं है, जीवन की सच्चाई और उसके सभी अहसासों को एक माला में पिरोनें की कला है, वो कला जो हर शख्स को एक नया अहसास देती है, जीवन को समझनें का और जीवन में आगे बढ़ने की प्रेरणा देती है | ग़ज़ल के बारे में कहा गया है कि :-

लाख कतरे लहू के जलते हैं तो ग़ज़ल होती है |

अश्कों का दरिया बहता है तो ग़ज़ल होती है ||

लव्ज़ यूँ ही तो नहीं निकल आते हैं लबों से |

दर्द जब हद से गुज़रता है तो ग़ज़ल होती है ||

ज़िन्दगी पूछेगी जब मुझ से मेरी उम्र का हिसाब

ख़ाली हाथों के सिवा कुछ और न दिखा पाऊँगा मैं

दाग़ ही दाग़ हैं इस चेहरे पे यह सोचता हूँ अक्सर

रूबरू उनके इस चेहरे को कैसे ले जाऊँगा मैं

कुछ न मिला मुझको इस लम्बे सफर-ए-जिन्दगानी में

ख़ौफ आता है क्या होगा जब रूक जाऊँगा मैं

ख़ुशी को मुझ से ता-उम्र इक रंजिश ही रही

इश्क-ए-ग़म भी तो न था कि जिसको निभाऊँगा मैं

मेरी हस्ती ही क्या थी जो अहसास कहीं कोई होता

मगर सोचोगे एक बार तो जब चला जाऊँगा मैं

ઙ୪ଊଛଠ୪

बा-दुरुस्ती-ए-अक्ल वा होश वा हवास
किया भी तो हमने क्या इक गुनाह कर दिया

हिफाज़त-ए-ख़ुद अख्तियारी से बच गए वर्ना
तूने सितम क्या किया कि कमाल कर दिया

सिला-ए-मौहब्बत मांगा था, तो करते भी क्या
दिल एक पास था सो वो भी नीलाम कर दिया

वाकिफ़-ए-ख़ंजर थे, जो तेरी आसतींन में था
फिर भी ख़ुद को हमने तेरी पनाह कर दिया

वजह-ए-कत्ल पूछी तो मुनसिफ़ भी परेशाँ देखा
हँस के कहने लगा बस यूँ ही बे-वजाह कर दिया

इन्तिहा-ए-जुनूँ-ए-मौहब्बत भी देख ली हमनें
फिर भी न मिला कुछ तो सब कुछ तबाह कर दिया

थम गए हैं कदम मंज़िल के करीब आकर

ज़िन्दगी का कोई लम्हा छूट गया हो जैसे

ऐसे हालात में क्या कीजे, क्या करूँ तू ही बता

कोई मुसाफिर राह-गुज़र का तेरी लुट गया हो जैसे

ख़ौफज़दा होता हूँ बाहों के फैलाने से भी

सारा ग़म सीनें में मेरे सिमट गया हो जैसे

तेरी बातें भी तेरे दिल का बयाँ नहीं लगतीं

कोई लव्ज़ तेरे लबों से मिट गया हो जैसे

दो अश्क गिरे आँखों से तो कुछ सुकून आया

थोड़ा वक्त उम्र का मेरी कट गया हो जैसे

सफ़र ज़िन्दगी का इस तरह से करता हूँ

रोज़ जीता हूँ रोज़ मरता हूँ

दर्द-ए-दिल को न जब कोई समझा

ज़ख्म-ए-तबस्सुम लब पे लिए फिरता हूँ

तेरी पनाह भी न हुई मयस्सर मुझ को

राह-गुज़र पर ही गुज़र करता हूँ

खौफ-ए-दोज़क देता है किसे तू वाईज़

मैं तो जन्नत के सलीकों से डरता हूँ

दोस्ती का भरम मुझको यूँ भी तो न था

दर-ए-महबूब का दम अब भी मगर भरता हूँ

न आरज़ू न कोई जुस्तजू रही बाकी

यह न पूछो किस उम्मीद पर सफ़र करता हूँ

इश्क की कोई इबारत फिर लिखी जाए

दिल की ख़्वाहिश है कि मौहब्बत फिर शुरू की जाए

हमने देखा है सरे-बाज़ार बिकते ख़ुदाओं को

आज किसी इन्सान की भी कीमत अदा की जाए

गुनाहगार रहा हूँ मैं ता-उम्र तेरी चाहत का

आज फिर दिल को मौहब्बत की सज़ा दी जाए

उम्र सारी बनाता रहा जिस तस्वीर-ए-ज़िन्दगी को मैं

सोचता हूँ किस तरह उनके रूबरू की जाए

मुकम्मल न था सफ़र मेरा, कदम अक़बा में थे

फिर चलो आज तेरी ही आरज़ू की जाए

दर्द-ए-दिल को आँखों का भी सहारा न मिला

महफिल-ए-ग़म में आज फिर से रौशनी की जाए

कौन अपना है यहाँ कौन पराया है

दिल पे लगे हर ज़ख्म नें हमको सिखाया है

खेल उल्फत का ही एक ना आया हमको

हर वफ़ा से हमने धोखा खाया है

आसतीन के ख़ंजर को तो सुना था हमने

कितना असर है अब मेरी समझ में आया है

दोसतों के दिए ज़ख़मों का क्या हिसाब करूँ

एक मरहम याद है वो भी दुश्मन नें लगाया है

दर-ब-दर भटकते रहे हम यूँ ही उम्र सारी

तू मिला तब जब हमने ख़ुद को गंवाया है

शमशीर-ए-मौहब्बत में, यूँ ताकत तो बहुत थी

हैराँ हूँ ज़माने नें कैसे, इसे हर बार झुकाया है

ख़ुदगर्ज़ ज़माने नें की कद्र भी न उसकी

जिसके लिए लहू अपना सदियों ने बहाया है

अन्जान तो न थे तेरे ताल्लुक से ए ज़िन्दगी

बड़ी शिद्दत से मगर फिर भी इसको निभाया है

देता है कोई दस्तक मेरे दर पे आज शायद
किसी को पड़ी है ज़रूरत ग़मों की आज शायद

पिला गए मुझे निगाह से वो जो पर्दानशीन थे
खुलेंगे आज इश्क के कितने ही राज़ शायद

बेरुख़ी के बारे उनकी मुझे अन्दाज़ा भी न था
पहुँची न होगी उन तक या मेरी आवाज़ शायद

मुद्दतों बाद मिला वो तो थी और ही अदा
आ ही जाते हैं अक्सर दौलत से अंदाज़ शायद

टूटा जो दिल मेरा तो कोई आवाज़ भी न थी
चुरा ले गया था कोई ज़ुबाँ का भी साज़ शायद

शायद कहीं तो मिल जाए वो, जो दिल के करीब था

अजीब दासतान थी एक, यह रिश्ता अजीब था

रहता था वो हर ख़याल में, नज़रों से दूर था

शायद उसका इन्तज़ार ही मेरा नसीब था

दीवानगी को वो मेरी एक दर्द दे गया

हर ज़ख़्म के लिए भी वो मेरा हबीब था

दोनों का ही था आशियाँ इस सल्तनत-ए-इश्क में

सुल्तान था वो मेरा, मैं उसकी कनीज़ था

इश्क की बुलंदियों पर वो ले गया मुझे

एक अमर दासताँ के लिए, वो ख़ुद ही सलीब था

तुम जो कहते हो चला जाऊँ, चला जाऊँगा मैं

तब क्या करोगे जब ख़यालों में आऊँगा मैं

दिल की वीरानियों को तुम फिर आबाद तो कर लोगे

दिल की धड़कनों का क्या करोगे जो छोड़ जाऊँगा मैं

अपने चेहरे को देखोगे जब भी आईने मे तुम

उस अक्स को क्या कहोगे, जब नज़र आऊँगा मैं

तुम मुझको भुला दोगे शायद ज़माने के लिए

कैसे भुला पाओगे जो तन्हाईयों में याद आऊँगा मैं

हर वक्त मांगते थे तुम मुझ से सिला अपनी मौहब्बत का

इतना भी बता दो कैसे उसको चुका पाऊँगा मैं

कोई गिला नहीं तुमसे मगर इक शिकायत ज़रूर थी

इश्क अहसान तो न था कि जिसको जताऊँगा मैं

एक सज़ा पाई है उम्र की, तेरे इश्क में हमने

दरबार-ए-इलाही में भी शायद, न बच पाऊँगा मैं

आओ आज इश्क की कोई गुफ्तगु करें

फिर शुरू आज नई कोई जुस्तजु करें

बहुत देखा हमने, दूर तलक जाकर

आने की क़रीब अपनें, अब आरज़ू करें

कुछ न मिला मुझको, ऐ वाईज़ तेरे मकान में

साकी शराब ला, फिर मय़ वज़ू करें

वो कारीगर है, करामात का सुना है

चलो आज ज़िन्दगी पेश-ए-रूबरू करें

कुछ न था वजूद मेरा पर इन्सान एक था

कम से कम नीलाम तो न आबरू करें

बर्बाद ज़माने को गोया

तौफ़ीक कहां आबादी की

जिस दर्द को बँधन कहते हैं

वही राह मेरी आज़ादी की

न देख मेरी रुसवाई को

तू देख गिरेबाँ में अपने

हर अश्क है कोहेनूर मेरा

हर आह मेरी शाहज़ादी सी

न जाने कौन ख़ता थी वो

कि सज़ा उम्र की पाई है

क्यूँ यार को रुसवा कर बैठे

क्या वजह थी मेरी बर्बादी की

मुझ को यकीं है वादे पर

वो तेरा वस्ल-ए-कयामत का वादा

मेरा निकलेगा जनाज़ा कुछ ऐसे

हो धूम किसी की शादी की

यार ज़माना वखवा हैं

दिल याँ रखूं या वाँ रखूं

या उल्झन को सुलझा दे इस

या सुने दुआ फरियादी की

न रास आईं बहार की ख़ुशनुमाईयाँ मुझे

अब के बहार में मेरा चमन उजड़ गया

सँवरनें की कोई गुँजाईश न रही बाकी

कुछ इस तरह से मेरा मुक़द्दर बिगड़ गया

बड़ी आरज़ू से पेश-ए-नज़र किया था तेरे

मगर हाल दिल का बद्तर से बिगड़ गया

निकले थे घर से हम बनके आज़ाद परिंदे

बाहर गए तो ले फिर से कोई शिकारी पकड़ गया

खो गया मुझसे मेरी हस्ती का सामान

प्यार बिछड़ गया मुझसे मेरा यार बिछड़ गया

कौन सुनेगा हाल-ए-दिल इस जहान-ए-ग़ैर में

किससे कहें कि ऐ दोस्त मुझसे मेरा वतन बिछड़ गया

बज़्म-ए-ग़ैर में मेरे हालात न पूछ

कैसे गुज़रते हैं दिन और रात न पूछ

तन्हाई-ए-दिल में लहू का भी मेरे साथ नहीं

कब ख़त्म हुई मेरी आँखों की बरसात न पूछ

तेरे दर से मेरा जिस्म गया, न दिल न ज़हन

क्या भूल गया मैं, क्या रहा याद न पूछ

एक अजनबी को देखा कल मैंने आईने में

कब हुई थी मुझ से मेरी मुलाकात न पूछ

किस कदर ख़ून हुआ मेरे ख़यालों का यहाँ

कहां ख़त्म हो गए मेरे जज़्बात न पूछ

कैद-ए-दोज़क की तरह गुज़री है ज़िन्दगी मेरी

कितनी की हमने रिहाई की फरियाद न पूछ

दूर से ही हसीन लगतीं हैं यह हसीनों की वादियां

मेरे इस बारे में ख़यालात न पूछ

हुनर-ए-बन्दगी मुझको आया न सारी ज़िन्दगी
हाथ दिल से ही न उठ सके दुआ के वासते

काशी-काबे का पता भी बताया हर वाईज़ नें
दर-ए-महबूब से मगर दूर थे सारे रासते

जहान-ओ-जन्नत का फेर मुझको समझाता भी कौन
आया न कोई लौट कर वहां से मेरे वासते

तुम्हारी जन्नत तुम्हें नसीब हो ऐ दुश्मनों मौहब्बत के
जहन्नुम में भी देखोगे हम ख़ुदा के साथ थे

कोई शय न मिली मुझको जो मुकाबिल-ए-यार होती
बुत-फ़रोशी का हुनर तो पास था मगर किसको तराशते

बे-वजह क्यूं ढूँढते उसे पांच वक्त चारों दिशाओं में
कुछ गुम ही तो न हुआ था फिर किसको तलाशते

तेरे बदन से टूटे हुए वो चँद सितारे हैं
जिनसे अपने घर को रौशन बना रखा है मैंने

वही पत्थर बरसते हैं आज मेरे सर पर आकर
न जाने कब से जिन्हें अपना ख़ुदा बना रखा है मैंने

ऐ ज़मीँ यूँ भी तो है तुझी पर, मगर फिर भी डरता हूँ
यह बोझ न जाने कब से अपने काँधों पर उठा रखा है मैंने

एक शीशा ही तो है फितरत-ए-फ़ना, चाहे दिल ही सही
फिर भी उसे समेट कर सीनें में सजा रखा है मैंने

यूँ तो पी लेता हूँ मय भी जब होश नहीं होता
वर्ना तेरे दर्द को ख़ुदी में दवा बना रखा है मैंने

इक दर्द मुसल्सल उठता है

सीनें में मेरे सीनें से मेरे

क्या फैज़ है यूँ जो फर्क पड़े

मरने से मेरे जीने से मेरे

तेरी महफिल का रंग बदलता देखा

आने से मेरे जाने से मेरे

ख़ुदगर्ज़ मौहब्बत पर असर था क्या

खोने से मेरे पाने से मेरे

फर्क-ओ-असर देखेंगे ज़हर का

पिलाने से तेरे पीने से मेरे

अब के बरसात में शायद

कुछ खेत हरे हो जाएं

फूल उगाए थे जो सपनों के

उन पर भी गुँचे खिल जाएं

पेड़ की शाख़ें भी शायद

कुछ बोझ हमारा सह जाएं

हम भी अपने घर की छत पर

कुछ पैबंद लगा आएं

दिल की सूखी ज़मीँ पे शायद

कुछ बूंदें भी बरस के गिर जाएं

अरमानों के दरिया में भी

थोड़ा सा पानी भर जाएं

आँखों के ख़ुश्क सहरा में भी

थोड़ी नमी तो आ जाए

पानी के कतरों में ही हम

कुछ अपने अश्क भिगो लाएं

मगर अब के भी बरसात न आई

मेरे खेत नहीं ख़ुशहाल हुए

न अश्क मिले मेरी आँखों को

गुँचे ख़्वाबों के सब बेहाल हुए

तेरी आमद के इस इन्तज़ार में

दो रोज़ नहीं कई साल हुए

कोई ज़रिया भी मालूम न था

जो पैग़ाम अपना हम दे आएं

एक उम्मीद अभी भी है मुझको

बादल इस बार बरस जाएं

नया साल मुबारक हो शायद

यह अरमान भी पूरे हो जाएं

हम भी छत पर पैबंद लगा लें

शायद वो देख के आ जाएं

या एक नई गुड़िया को तराशें

फिर उसको आग लगा आएं

अब के बरसात में शायद मेरे... कुछ खेत हरे हो जाएं

मुझको कोई आरज़ू नहीं उम्र-दराज़ी की
जितनी भी है उतनी तो ख़ुशगवार गुज़रे

इश्क का ज़र्फ पी लिया है तो फिर
क्या सोचना मुफीद हो या ना-गवार गुज़रे

शहँशाहों का हाल भी देखा है तेरे कूचे पे हमने
कोई तेरी गली से गुज़रे तो हो के बेज़ार गुज़रे

आलम-ए-तन्हाई न पूछ फितरत-ए-महफिल को देख
अफ़सुर्दा-दिली बढ़ा देते हैं लम्हें, जो कहीं दु-चार गुज़रे

गर कि तुझमे हुनर-ए-बख़शिश मौजूद है तो ऐ ख़ुदा
इतना कर कि ज़िन्दगी मेरी कभी तो ला-अख्तियार गुज़रे

ऐ ज़िन्दगी !

मैनें तुझे भुलाना चाहा

तेरे हर लव्ज़ को ज़हन से मिटाना चाहा

धुआँ बना कर फिज़ाओं में उड़ाना चाहा

हर बुतख़ाने को तेरे मैं तोड़ना चाहता था

बारूद भर के हर ज़हन को फोड़ना चाहता था

जो थी सीधी राह उस राह को मोड़ना चाहता था

यह ख़ुदा न होता तो क्या होता

किसी का किसी से कोई रिश्ता न होता तो क्या होता

ज़मीं नीचे ऊपर आसमाँ न होता तो क्या होता

तू मेरे लिए अभी भी एक सवाल है

हर पल जीता हूँ तुझमें मगर फिर भी ख़याल है

जो नहीं है उसकी है आरज़ू, जो है वही मलाल है

तुझे जी जान से चाहता हूँ मैं

तुझसे ख़ुदा का भी वजूद भी मानता हूँ मैं

तेरे दराज़-ए-उम्र की दुआ भी मांगता हूँ मैं

न जाने क्यों मुझे तुझसे इतनी उम्मीद है

मै जानता हूँ तू बेवफ़ा है मगर फिर भी अज़ीज़ है

जिसकी तलाश है मुझे, न जाने तू क्या चीज़ है

मौहब्बत की एक ख़ूबसूरत तस्वीर हो तुम

मेरे हाथों में एक नायाब लकीर हो तुम

जिसे देखा है मेरी आँखों नें मुद्दत से

मेरे उसी ख़्वाब की ताबीर हो तुम

एक उम्र का वक़्त शायद तेरा बयाँ नहीं

जन्मों से जन्मों तक मेरी तकदीर हो तुम

ज़ुबाँ ख़ामोश है तेरे जमाल के आगे

बड़ी फुर्सत से लिखी हुई तकरीर हो तुम

गुस्ताख़ सवाल है पूछना मौहब्बत के मायनें

इश्क-ओ-वफा की एक बुलंद तामीर हो तुम

तेरे बदन की ख़ुशबू अब भी मेरी साँसों में है

तेरी आवाज़ अब भी तन्हाई में दस्तक दे जाती है

तुम कहां हो कैसी हो किस हाल में हो

यह सोच अब भी मेरा दिल भर जाती है

वो वादा वफा का, जिसे हम-तुम निभा रहे हैं

कभी-कभी न जानें क्यूँ, नीयत बदल जाती है

तुम मिलोगी ज़िन्दगी के किसी मोड़ पर फिर शायद

हर एक मोड़ पर यह नज़र ठहर जाती है

तुम जहां भी रहो ख़ुश रहो आबाद रहो

यह दुआ हर लम्हा ज़ुबाँ पे रहती है

वो रिश्ता जिसे हम तुम मौहब्बत कहते हैं
यह दुनिया न जानें क्यूँ उसे फ़रेब कहती है

तुम मिलोगी तो न जानें क्या गुफ्तगु होगी
यह सोच अफसुर्दा-दिली और बढ़ा जाती है

ᏯᏍᏁᏙ

तेरे शहर की फिज़ाँ को कुछ एसे बदलते देखा
आफताब को पिघलते हुए माहताब को जलते देखा

अजीब निज़ाम तेरा देखा, अजीब इन्तज़ाम तेरा देखा
राहबरी से ही राहगीरों को अक्सर भटकते देखा

ईजाद दौलत को किया था दुनियां में जीने के लिए
हर एक शख्स को मगर हमने दौलत पे मरते देखा

मौत का सामान लिए फिरते हैं यहाँ सब असतीनों में
तेरे शहर में हमने तुझको भी कत्ल होते देखा

इश्क के मायने शायद फिर तलाशने होंगे
हर किताब-ए-इश्क को कौड़ियों में बिकते देखा

ना जाने किस मुकाम पर ले आई है ज़िन्दगी मुझको

दर्द-ओ-ग़म तन्हाईयों के सिवा और कुछ भी नहीं

वही सन्नाटों का शोर, वही परिंदो की आवाज़ें

किसको सुनाऊँ हाल-ए-दिल, ऐसा कुछ भी नहीं

है वही आसमान, वही सितारे, चाँदनी है हर तरफ

मगर दिल में मेरे अंधेरों के सिवा कुछ भी नहीं

वो जो ख़्वाब थे आँखों में भरे, बिखर से गए हैं

आज देखता हूँ तो अश्कों के सिवा कुछ भी नहीं

ऐसा तो न था कि महफिलें थीं नागवार मुझको

आज मेरी महफिल में मगर, मेरे सिवा कुछ भी नहीं

वो मुट्ठी जो बंद थी आग़ाज़ से, वो खुल गई है अब

आज भी उन लकीरों के सिवा, हाथों में कुछ भी नहीं

ग़म-ए-ग़ैर के पीछे परेशाँ रहता है बे-वजह
ग़म-ए-दिल को तो पहले दुरुस्त कर अपने

कुछ न हासिल कर सकेगा यूँ दर-ब-दर
सुकूँ चाहिए तो पहले तलाश कर घर अपने

न हो उदास, रौशन कर दिल-ओ-ज़हन अपना
फिर देख ग़ैर नहीं हैं यह जमीँ-आसमाँ-ओ-समन्दर अपने

ज़मीन-ओ-जन्नत में न मिला है न मिलेगा तुझ को
ख़ुदा तलाशना है तो तलाश ले अन्दर अपने

दुनियां भी हकीकत है मगर दिल लगाने की शय नहीं
दिल्लगी तो ठीक है मगर, मन्ज़िल पे रख नज़र अपने

दुनियां यूं ही तो नहीं कहती संतों का शहर है होशियारपुर
होशियारपुरी बनना है तो लौट जा वापिस शहर अपने

मुझे आज भी याद है वो सब कुछ..

वो दादी की आवाज़ें वो पापा का प्यार

वो नाना की बातें वो बचपन की मार

वो बचपन की यादें वो जवानी के वादे

चाँद को तोड़नें के वो मेरे इरादे

रातों को छत पर सितारों को गिनना

कभी बहते पानी से वो मछली पकड़ना

मेरे बचपन की वो छोटी सी बिल्ली

लड़कपन के साथी वो मेरी सहेली

न जाने कहाँ वो सब खो गया है

क्या सोचा था मैनें यह क्या हो गया है

उन्हीं लम्हों को मैं फिर से जीना चाहता हूँ

नन्हें हाथों से घरौंदे बनाना चाहता हूँ

इल्म-ओ-अक्ल से भी क्या हासिल है मुझे

बचपन के लिए सब कुछ मैं खोना चाहता हूँ

कोई मुझको लौटा दे वो मेरा बचपन मुझे

वो मेरे यार मुझको मेरा लड़कपन मुझे

मेरी दादी की वो आवाज़ें वो पापा का प्यार

वो लड़ना झगड़ना वो मास्टर की मार

मगर अफसोस ऐसा होगा नहीं

गया वक्त है कभी आएगा नहीं

ऐ ख़ुदा मगर मुझको इतनी तौफ़ीक दे

जो खो गया है उसका कभी ग़म न हो

जो मेरे पास है, वो कभी कम न हो

ज़िन्दगी की बही में शायद मेरा नाम न मिले
मिले भी तो शायद कोई काम न मिले

हर एक शख्स के बारे तूने कुछ तो सोच रखा है
मेरे बारे शायद तेरा कोई इन्तज़ाम न मिले

तमन्ना है दिल में तेरे दिल में जगह बनाने की
मगर शायद मुझको मेरा यह मक़ाम न मिले

तेरे पैमाना-ए-वफा को मैं न शायद पूरा कर सका
इतना भी कमतर न था जो कोई ईनाम न मिले

बिछड़ना दस्तूर-ए-ज़माना है मगर मिलो तो शिकवा न हो
गुफ्तगू के सब ज़रिए कोई कर तमाम न मिले

एक गुनाहगार की तरह काटी है सज़ा-ए-ज़िन्दगी मैंने

पलट के देख फिर ख़ुदा तुझको, शायद मुझ पे कोई इल्ज़ाम न मिले

जला देना मेरी रूह को भी मेरे जिस्म के साथ

मुमकिन है कफस में भी मुझको आराम न मिले

पूछेंगे पहले जवाब ख़ुदा से अपने सवाल का
खुलता है कैसे देखेंगे फिर वर्का अपने हिसाब का

वो कौन था जो रूह बनकर जिस्म से खेलता रहा
ढोता रहा जो ता-उम्र मैं, वो किसका अज़ाब था

मिली न कोई शय मुझे, जो न तेरा नूर थी
क्या हुआ जो हमने पकड़ा दामन ख़ाना-ए-ख़राब का

तू ही अरज़ू-ओ-हश्र तू ही सफ़र-ओ-मुक़ाम था
जहां ले गया मुझे तू वो किसका सवाब था

तेरे थे जिस्म-ओ-रूह, थे नज़र-ओ-नज़ारे तेरे
डाला था जो तूने दरमियाँ, वो किसका नक़ाब था

देता है कोई दस्तक, मेरे दिल के दरवाज़े पे फिर से

कोई आया है बन कर मेरा रकीब फिर से

अभी तो ज़ख़्म भरा भी नहीं, पुराने नश्तर का

लेकर आया है कोई नया ख़ँजर करीब फिर से

आज फिर से वही आलम है बरसात के मौसम का

लगने लगीं हैं बूंदें भी कुछ अजीब फिर से

कुछ दम कुछ कदम था मुझे गुरूर ख़ुद की हस्ती पर

न जाने ले के आ गया है मुझे कहां मेरा नसीब फिर से

रफ्ता-रफ्ता जमा करता गया कागज़ के क़तरों को मैं

रफ्ता-रफ्ता करीब आते गए मेरे हबीब फिर से

ଔଷଚଞ

एक अजीब उल्झन बढ़ा देती है मुश्किल दिल की
तस्वीर-ए-दुनियां को जब भी करीब से देखता हूँ मैं

रग़ों का लहू तो इन्सान की शायद बहने के लिए था
क्यूँ बहता है लहू इन्सानियत का, यह सोचता हूँ मैं

जन्नत-ओ-जहन्नुम हैं यहीं सुना था हमनें
मगर मुद्दत से ऐ ख़ुदा तुझको ढूँढता हूँ मैं

यह भी कमतर न था जो अज़ाब-ए-जिन्दगी बख्शा तूने
और आरज़ू-ए-ख़ामोश लब, जब इम्तिहाँ से गुज़रता हूँ मैं

बड़ा मुश्किल है यूँ ही यहां इन्सान बने रहना
और उस पर यह तवक्को कि देखिए क्या बनता हूँ मैं

न जाने हुआ क्या है ज़माने को आज

बस्तियां उजड़ जाती हैं, सिर्फ बुझाने को आग

गर्त-ओ-वहशत की कोई इन्तिहा नहीं रही शायद

लूट ली अस्मत उसी नें जिससे हिफाज़त की थी आस

कुछ इस कदर दौर चला दुनियां में ख़ुदी का

इन्सान तो शय थी फिर भी, बिक गए खुदा सरे-बाज़ार

सदियों नें संभाला था जिन रिश्तों को लहू देकर अपना

प्यास बुझती नहीं है खून से भी उन रिश्तों के आज

तरक्की तो बहुत कर ली है इन्सान नें यूं तो

देखिए कहां जाते हैं हम भी, इस काफिले के साथ

बात गुज़रे ज़माने की है मगर मुझे याद है अब भी

सब कुछ भुला जाने की है मगर मुझे याद है अब भी

मौहब्बत नाकाम हो गई मेरी, इसका ग़म नहीं मुझको

किस तरह नाकाम हो गई मगर मुझे याद है अब भी

किस तरह गिरीं थी बिजलियां मेरे दिल के आशियाने पर

किस तरह जल गया था मेरा घर मुझे याद है अब भी

जुदा होना तो मुकद्दर था मगर अफसोस इतना है

किस तरह तूने बेवफाई की मुझे याद है अब भी

यह और बात है कि लब पे हँसी लिए फिरता हूँ मैं अब भी

मगर ए ज़िन्दगी तेरा हरेक ग़म मुझे याद है अब भी

कभी कभी दिल के वीराने में

गूँजती है मेरी आवाज़ अजनबी की तरह

हम तो नाहक इश्क को ख़ुदा समझ बैठे

निभाई जफ़ा भी हमने बन्दगी की तरह

हम तो यूँ ही जाँ निःसार कर देते

उनकी आरज़ू थी कि लगे ख़ुदकुशी की तरह

हमको अफ़सोस है तो बस इतना है

ज़िन्दगी दी भी तूने तो दिल्लगी की तरह

दुश्मनी से तेरी मुझे यूँ कोई गुरेज़ न था

मगर यह शर्त है न करे वो दोस्ती की तरह

ଔଓଛଡ଼ଔ

बैठा रहा था ता-उम्र मैं जिस मक़ान में
उसकी भी नहीं थी मालकी कहीं मेरे नाम में

आया है ले के क़ासिद कुछ मेरे दर पे आज
हम जानते हैं होगा क्या उसके पैग़ाम में

खोल रखा है तूने भी दुनियां का कारोबार
देखिए पाते हैं फ़ैज़ क्या हम भी इस दुकान में

जिसके लिए ता-ज़िन्दगी मैं उठाता रहा अज़ाब
आया न वो शख्स भी किसी मेरे काम में

क्या तलाशते हो तुम मुझे यूँ गुनाहगार की तरह
मुनसिफ़ न कुछ मिलेगा तुम्हें मेरे सामान में

न जाने ढूँढती है क्या, यह उठती हुई नज़र
रहता हो जैसे अज़ीज़ कोई उस आसमान में

क्यूँ यह रहता है मेरे करीब हर पल

दर्द से आख़िर मेरा रिश्ता क्या है

जान महमान थी सो जा चुकी कब की

साँसों का फिर यह सिलसिला क्या है

क्यों मैं तड़पूँ इसके खो जाने से

मुझसे आख़िर मेरा वासता क्या है

हम भी देखेंगे तुझे अपने दिल में बिठा कर

मौत आने पे आख़िर होता क्या है

ज़िन्दगी तू भी मेरी इतनी अज़ीज़ न थी

तेरे बिन और मेरे पास मगर बचा क्या है

है ख़बर तुझको यहां कोई नहीं सुनने वाला

फिर भी ऐ दिल तू बारहा रोता क्या है

कोई उम्मीद नहीं, न कोई आरज़ू मुझको

इस सफ़र में देखिए मिलता क्या है

तुम इस शहर में सुकूँ ढूँढते हो

बड़े ना-समझ हो क्या कहां ढूँढते हो

तामीर थी ताज या जुनून-ए-मौहब्बत

यह तुम पे है तुम क्या यहां ढूँढते हो

क्या तुम्हारी यह हालत ना-काफी बयाँ है

जो अब तक तुम उसमे मेहरबाँ ढूँढते हो

हम तो शुमार हैं मिसाल-ए-तन्हा

और तुम मुझमें कोई कारवां ढूँढते हो

न रहता है क़ासिद अब कोई यहां पर

मेरा पता ले के मुझको कहां ढूँढते हो

हर तरफ हज़ारों आदमी ही मिलेंगे
न मिलेगा तुमको जो इन्साँ ढूँढते हो

बदल जाता बयाँ है दरमियाँ दिल-ओ-ज़ुबाँ के
यहां तुम उल्फत का जहाँ ढूँढते हो

तुम्ही बोलो मुमकिन हो मुलाकात कैसे
हम यहाँ ढूँढते हैं तुम वहां ढूँढते हो

यह हालात हैं कि दिल लहू ढूँढता है
और तुम मेरी आँखों में फ़ुग़ाँ ढूँढते हो

अपने हाथों से हस्ती को मिटाया था जिसकी
क्यूँ भला आज उसके निशाँ ढूँढते हो

यह पेशा है उसका, तेरा बनना बिगड़ना

कोई फ़ैज़ क्या तुम यहां ढूँढते हो

वो है पिनहाँ हरेक जर्रे में जहाँ के

तुम जिसका कब से निशाँ ढूँढते हो

क्या हुए पहले वाकिफ़ हकीकत से नहीं थे

जो आज कोई फिर गुलिस्ताँ ढूँढते हो

हमने समझा ही नहीं इश्क का मायना कभी

जो मिला बस उसे अपनाते चले गए

पत्थरों में ख़ुदा होता है तो संगेमरमर ही कयूँ

हर संग को राह के हम ख़ुदा बनाते चले गए

वो ना तो मुझसे ख़फा था और न ही मेरा रकीब

हर रूठे हुए शख़्स को हम यूँ ही मनाते चले गए

सिर्फ एक ही तो वर्क था हमारी किताब-ए-ज़िन्दगी का

जो भी मिला हम उसी को सुनाते चले गए

हमें तलाश थी ज़िन्दगी की और ज़िन्दगी के लिए

ज़िन्दगी भर इसी सफ़र में हम भटकते चले गए

ज़िन्दगी हमारी एक ग़ज़ल थी, ता उम्र गाते रहे

रोज़-ए-कयामत पर आख़िरी मक्ता हम गुनगुनाते चले गए

खाक हो जाना है एक रोज़, मगर फिर भी

हर आग से ता-उम्र मैं भागता रहा

यह शब कभी ख़त्म न होगी, अंधेरे न मिटेंगे कभी

फिर भी उस रात के ख़ौफ से मैं जागता रहा

तेरा वजूद कुछ न था, तेरी हस्ती की ख़ातिर मगर

तेरे अक्स को तेरी शक्ल मैं मानता रहा

तू बेवफा है मगर मेरा साथ तो दिया ता-उम्र

वो बावफा है मगर उसके बग़ैर मैं, ता-उम्र चलता रहा

तू भी हकीकत है वो भी हकीकत है, तू ख़ाब है वो ख़ौफ है

दोनों ही मयस्सर होंगी मगर इस यकीँ को मै मिटाता रहा

मैं जहां गया वो शहर-ए-नाशाद था

कहां ढूँढता पता इस दिल-ए-नामुराद का

इश्क था तो फिर मैं क्यूँ बर्बाद हो गया

क्या करूँ तेरी दिल्लगी की इस इजाद का

कुछ दोसतों ने मुझसे बेवफ़ाई की

अपना भी इसमे शायद कुछ तो हाथ था

तेरा अख़तियार है तो मौत बख़श दे मुझे

देखिए होता असर है क्या मेरी फरियाद का

यूँ तो तेरी दुनिया में कोई कमी नहीं

क्या करूं मैं मगर इस ख़ाना-ए-ख़राब का

तुमसे मिलेंगे ऐसा होगा वैसा होगा, कितनें ख़्वाब सजाए थे

तुमसे मिले तो जो वहम थे, दिल के सारे टूट गए

टूट गया मेरा चाँद चमन का, मेरी छत के तारे टूट गए

बांधा ता-उम्र रिश्तों को जिनसे, शायद वो कच्ची डोर थी

औरो की तो बात ही क्या, सब मेरे-तुम्हारे टूट गए

तुम जुदा हो मुझसे शायद यह ख़बर है बहते पानी को

जिनकी कसम उठाई थी, वो सारे किनारे टूट गए

टुकड़ों-टुकड़ों बँट गया, थम-थम कर चलता है अब यह

जीवन की ज़जीर टूट गई, दरिया के धारे टूट गए

तन्हा आया था मेले में, हँस खेल के तन्हा लौट चला

सब यहीं पे बंधन बाँधे थे, सब यहीं पे रिश्ते टूट गए

आज मुझको फिर कोई, एक नया ग़म दे गया

बात मुझसे कर रहा था, नाम तेरा ले गया

न मौहब्बत की थी मन्ज़िल, न आरज़ू थी दिल की यह

कौन जाने मुझको कहां पर, यह इश्क मेरा ले गया

इस कदर हर शख़स वाकिफ, तेरे शहर का मुझसे था

ख़त पे तेरा नाम था और घर पे मेरे दे गया

यह क्या हुआ कि तेरा ग़म बयान मैं कर बैठा किसे

कोई मुझसे हस्ती का मेरी, सामान सारा ले गया

मेरी ग़ज़ल पढ़ता रहा, नाम तेरा ले ले के वो

जीने का मुझसे यह भी मेरा, वो आख़िरी सहारा ले गया

वक्त बदल जाएगा यह जानते थे हम
तुम बदल जाओगे हम यह माने कैसे

वो मौहब्बत की रस्म-ओ-अदा वो दीवानापन

दिल-ओ-ज़हन से कहो हम यह भुला दें कैसे

कभी वो वक्त था कि पहचान थी मुझसे तेरी

आज हालात से हो गए हम अन्जाने कैसे

हम ही तन्हा नहीं, रुसवा था हर एक शख्स यहां

तेरी मौहब्बत के न जाने थे पैमाने कैसे

मुझसे दो पल की मुलाकात का बयान न पूछ

पूछ गुज़रे हैं मौहब्बत में ज़माने कैसे

हम सरेआम थे बदनाम मगर ऐ मेरे वाईज़

तुम यहां आए हो आज मैखाने कैसे

ख़ुद को या ख़ुदा को, किसको भुलाऊँ दोसतो
पत्थर पे खिंची लकीर है, कैसे मिटाऊँ दोसतो

मिलूं उससे तो कयामत है, न जाऊँ तो कयामत
वादा किया है मिलने का, कैसे निभाऊँ दोसतो

इस ज़िन्दगी के कागज़ पर, मैं किसी का नाम लिख बैठा
मिटाने पर ख़लिश रहती है और कैसे जलाऊँ दोसतो

मुकद्दर में नहीं था आशियाँ, ता-उम्र भटकता चला गया
पेचीदगी बढ़ गई है अब, कब्र कहां बनाऊँ दोसतो

जो माँगनें से मिलती तो कयामत माँग लेता मैं
ता-उम्र सोचता रहा, दुआ को हाथ कैसे ऊठाऊँ दोसतो

जिस्म की ख़राशों के लिए हज़ारों हकीम हाज़िर हैं
मगर ख़लिश जो दिल में है, वो किसको दिखाऊँ दोसतो

कुछ ख़ाब थे मेरी आँख के जो अश्क बन कर बह गए
मैं ज़िन्दगी भर चलता रहा मगर कुछ फासिले थे रह गए

मेरी ज़िन्दगी की दासताँ भी ग़म के अंधेरों में खो गई
हम चिराग़ थे वो बुझे हुए, जो लौ के प्यासे रह गए

न नसीब हुआ हमें इश्क ही, न कुरबत-ए-तन्हाईयाँ
दिल मे तेरी याद के, वो काफिले से रह गए

किसको सुनाते हाल-ए-दिल हम इस जहान-ए-ग़ैर मे
वो जुदा होता गया हम जिसको आज़माते रह गए

मौहब्बत मुकम्मल नहीं अधूरी है

हर शख़्स की मगर यह मजबूरी है

कोई फासिला नहीं दरमियाँ लेकिन

बाबस्ता इसके फिर भी एक दूरी है

पूरा है आदमी बगैर इसके भी लेकिन

ज़िन्दगी के लिए इश्क भी ज़रूरी है

बोलता है यह सर पर हर शख़स के चढ़ कर

मुकाबिल इसके कहां नशा-ए-अँगूरी है

तुम पर भी तो किसी के इश्क का जुनूँ होगा

ऐ ख़ुदा जो तेरी ख़ुदाई इस कदर नूरी है

दिल जला है या कोई घर, तू परेशाँ मत हो

दोनों ही मेरे होंगे, तू परेशाँ मत हो

जानता था यह तेरे इश्क से पहले ही मैं

तेरी बेवफाई पे जो मुस्कुराया, तू हैराँ मत हो

तू भी कदमों के तले होगा, जो मैं पहुँचा तुझ तक

अपने ऊँचे होनें पे ख़ुश इतना तू आसमाँ मत हो

मुझको तकरीरों के नश्तर कोई मारे भी तो क्या

मैं तो यूँ भी तकदीर का मारा हूँ, तू परेशाँ मत हो

तेरा जाना जाने जाना, जान जानें का अहसास था

इन्तज़ार में बैठा हूँ कि कब तू आए तो कयामत हो

ଔଌ୬ଔ

आज कुछ उदास सा है दिल
न रासता है न कोई मंज़िल

ना-मुमकिन ही सही, यूँ तेरा मिलना
ख़्वाब तो हैं, कभी तो आ के मिल

ग़ैर है हर एक शख्स यहां
किस तरह की है यह तेरी महफिल

दोस्त कुछ इस तरह मिले मुझको
हूँ फ़ख़त मैं दुश्मनी के काबिल

फितरत-ए-वक्त से चल पड़े हम भी
देखिए होता है अब क्या हासिल

कारोबार-ए-ज़िन्दगी से, मिला किसको फ़ैज़ है

हर परिंदा अपने परों की हद में ही क़ैद है

बड़ा बेतरतीब सा लिखा है तूने मेरा नसीब

जहां मन्ज़िल ढूँढता हूँ, होता वहीं आग़ाज़ है

वादा-ए-वस्ल की तेरी, देखेंगे हम भी तिश्नगी

किसमे कितनी आरज़ू है, कौन कितना तेज़ है

ख़ैरात-ए-ज़िन्दगी का कोई हो बादशाह तो हो सही

हमने भी तो न कहा था, हमको कोई परहेज़ है

रोज़-ए-हश्र पर हम भी पूछेंगे तुझसे ऐ ख़ुदा

तू मेहरबाँ है तो वो कौन है जो सय्याद है

आज कुछ कमी है तेरे बग़ैर

न रंग है न रौशनी है तेरे बग़ैर

बरस जा आकर बूंदों की तरह

सूखी दिल की है ज़मीँ तेरे बग़ैर

कहते हैं सब कि ज़िंदा हूँ मैं

मगर ज़िन्दगी नहीं है तेरे बग़ैर

तेरे दीदार से रौशनी थी इन दो चराग़ों में

इनमें अब नमी भी नहीं है तेरे बग़ैर

मेरा दिल मेरा मन मेरी जान है तुमसे

मुझमे कुछ भी नहीं है तेरे बग़ैर

हमने तेरे माथे पर चमकते चाँद को देखा है

तेरी आँखों में सितारों को जगमगाते हुए देखा है

तेरी जुल्फों की घटाओं के गरजते हुए बादल में

दिल को छूकर निकलती हुई बिजली को देखा है

यह तेरा चेहरा नहीं है, है कोई आफताब नया

नई दुनियां को इससे रौशन होते हुए देखा है

गोरे गालों से चाँदनी भी हया करती है

सुर्ख होंठों से गुलाबों को शरमाते हुए देखा है

हुस्न माँगती हैं परियाँ भी आकर तुझसे

कलियों को भी तुझसे तबस्सुम चुराते हुए देखा है

ख़ुदा मिले तो देखना कई तौहमतें लगी होंगीं

मत सोच कि तेरे बारे में क्या सोचते हैं लोग

ना-मुमकिन है गिर के उठना ख़ुद ही की नज़रों से

फितरत है यह उनकी, सबको नज़र से गिराते हैं लोग

फौलाद न सही घर को आईना भी मत बना देना

हाथों में संग लिए तेरे हर तरफ घूमते हैं लोग

इन्सान नहीं समझा तुझे तो शैतान भी न बन

हर किसी के ईमान पर स्याही उछालते हैं लोग

इतनी ही नहीं है काफी क्या दुनियां की नासमझी तेरे लिए

जो हर शय में है उसी को दूर तलक ढूँढते हैं लोग

ଔଝଔଝ

बेचैनी बढ़ रही है आज तेरे बिना
तुम आ जाओ तो दिल को कुछ क़रार आए

किस-किस बात का ज़िक्र करें हम तेरी
तेरी हर अदा पे हमको प्यार आए

एक वो पल तेरे जाने का, एक लम्हा तेरी याद का
यही दो वक्त मेरी ज़िन्दगी में दुश्वार आए

तेरे इसी सवाल ने हमें लाजवाब कर दिया
पूछा जो तूने कैसे ज़िन्दगी गुज़ार आए

बड़ी शिद्दत से देखती है इस सहरा की नज़र तुमको
तुम आ जाओ तो इस वीराने में भी बहार आए

कहीं न कहीं नज़र को तेरी तलाश थी
यूँ तो निगाहों में लोग बेशुमार आए

बहुत तन्हा पाया है ख़ुद को मैंने

जब भी मौहब्बत को आईने में देखा है

नाम तो सुना है तेरा हर ज़ुबान से लेकिन

कौन है वो जिसने तुझको जहाँ में देखा है

एक तेरे दिल में ही जगह मयस्सर न हुई मुझको

आज भी ख़ुद को मैनें ज़माने में देखा है

मौहब्बत ख़ुदा न सही इबादत् तो थी

हमने तेरी सूरत को मगर मैख़ाने में देखा है

कहाँ मिलती है वो पाक मौहब्बत दुनियां में अब

जिसकी तलाश है उसको सिर्फ अफ़साने में देखा है

ଓଃଔଛ୦ଓ

हम जब भी अपने यकीँ को आज़माने निकले

जितनें भी थे अपने, सब बेगाने निकले

क्या सुनाते हम अपनी ख़ामोश मौहब्बत की दासतान

ज़िक्र जिससे भी किया उसके हज़ारों अफसाने निकले

कोई तो वजह होगी जीने की मगर क्या, क्या ख़बर

कत्ल होने के लिए बेहिसाब बहाने निकले

कमबख़्त मय भी मयस्सर न हुई आज की रात

आज हम फिर से अश्क-ए-दरिया में नहाने निकले

हर शख्स वाईज़ था तेरे शहर का और हम ही वली

जिसकी तलाश में ख़ुद थे, वही औरों को समझाने निकले

एक उम्र गुज़र गई हमारी, जिस सवाल-ओ-उल्झन में

आज हम फिर से उसी उल्झन को सुल्झाने निकले

तू राहगुज़र भी है राहबर भी है मन्ज़िल भी है लेकिन
हमराह बन के तू ख़ुद ही मुझको उल्झाने निकले

कुछ कसक दिल की कम हो रही है आज
चलो फिर दिल उसको दिखाने निकलें

न जाने कौन पूछ रहा है पता मुझसे मेरा
और हम ख़ुद को ही ख़ुद से बचाने निकले

तेरा मुरीद हूँ तेरा, आख़िर कहां जाऊँगा तुझे छोड़ कर
तू ख़फा होगा मगर हम, फिर तुझको मनाने निकले

किताब-ए-मौहब्बत में पड़े फूलों की मालिंद ही सही
याद आऊँगा मैं जब भी तू मुझको भुलाने निकले

और कोई भी न था हमदर्द यहां मेरे सिवा मेरा
हम आज अपनी कहानी ख़ुद को ही सुनाने निकले

वक़्त के परों को किसने कतर डाला है
रुक गया है वो मेरी बदनसीबी बन कर

जिनकी आँखों में थी हर लम्हा तस्वीर मेरी
आज मिला मुझको वो एक अजनबी बन कर

आसाँ है इस दौर में शैतान-ओ-खुदा बनना
ऐ वाईज़ो दिखाओ जी के, आदमी बन कर

बस एक बार किसी के लिए उसका हाथ थामा था
रह गया साथ मेरे वो मेरी ग़रीबी बन कर

दिल में लहू आँखों में यादों की तरह
बस गया न जाने कहाँ वो मेरा करीबी बन कर

बाज़ीचा-ए-इन्साँ से जब भी गुज़रा हूँ

भीगा हूँ हर बार मैं अश्क-ए-बांदी से

कांटों और कंकरों के सिवा कुछ भी नहीं मगर

कितना प्यार करते हैं लोग ज़िन्दगानी से

तुम तुम हो मगर कोई और है रहनुमा फिर भी

इतना ही सीखा है हमने बादबानी से

बचपन हो या बुढ़ापा दोनों की कशिश और है

या अली लगता है डर हसीनों की जवानी से

औरों का जिक्र आया तो सुन भी लिया सुलझा भी दिया

उलझे रहे ता-उम्र मगर हम अपनी ही कहानी से

कभी कभी यूँ भी पाया हमने तन्हा ख़ुद को

न बंदा न बंदा-परवर, पाया ख़ुद की पनहा ख़ुद को

न छलकने ही दी पैमाने से, न आँच ही साकी पर

जब भी पाया ज़मीँ पे पाया, हमने पाया ख़ुद को

न दौलत थी न शौहरत थी, न कुछ था पास हमारे

इस जुए में जब भी हारे, हमने हारा ख़ुद को

दर्द वही है सीनें में, आँखों में वही ख़ुमारी है

जब भी देखा तूने पाया, पाया शर्मिन्दा ख़ुद को

मुद्दत पहले करके वादा तुम चले न जाने गए कहां

हम ही जानें कैसे रखा हमने ज़िंदा ख़ुद को

माना कि वक्त से अपने हालात बदल गए

इतने भी न बदले कि दोस्त हम दुश्मन होते

बेवफाई का इल्ज़ाम न तुझ पर है न मुझ पर है

इल्ज़ाम-ए-जफ़ा होता तो शायद ग़म कुछ कम होते

अपनों ही से मिली है हमें तालीम-ए-ग़मख़्वारी

यह हुनर भी न होता, तो न शायद हम होते

न वखवा थी मन्ज़िल, न रासते ऐ हमसफ़र

लुत्फ होता ऐ दोस्त हम अगर हमकदम होते

हर ख़ुशी देता है तू तो ए ख़ुदा तेरी नेमत

यह ज़िन्दगी इतनी दुश्वार क्यूँ है

हर कदम कुरबत का वादा है तू अगर

ऐ मौहब्बत तो मुद्दत से तेरा इन्तज़ार क्यूँ है

तेरी फितरत है भूल जाना हर बार लेकिन

तेरे वादे पे मुझे फिर भी ऐतबार क्यूँ है

दुनियां कुछ नहीं धोखे के सिवा, सब जानते हैं लेकिन

हर शख़्स को इससे मगर इतना प्यार क्यूँ है

क्यूँ है कैसा है क्या है, कोई नहीं जानता लेकिन

हर लब पे तेरे नाम का इकरार क्यूँ है

दूर तक हैं रासते, न मन्ज़िल न हमसफर
जाने मेरी ज़िन्दगी और ले जाए कहां मुझको

कोई न था दूर तक, न किसी की उम्मीद थी
वीराना ही वीराना था, लेकर गया मुकद्दर जहां मुझको

होता मुमकिन तो लौट आता मगर क्या करूँ
ले गए नई तन्हाई में, मेरे ही कदमों के निशाँ मुझको

एक याद सी है ज़हन में कि कभी कोई करीब था
सूखे पत्तों की आवाज़ से होता है यह ग़ुमाँ मुझको

यह इन्तिहा है दर्द की या इम्तिहाँ है सब्र का
या ख़ुदा कुछ तो दे, ज़मीं न सही तो आसमाँ मुझको

मैं हँसता रहा गाता रहा

इन्हीं पर्दों में ग़म को छुपाता रहा

तुम आए ख़ुशी दी

तेरे अश्कों को भी दामन में संजोता रहा

बेबसी का करता तो करता भी क्या

जो बस में था वो करता रहा

मैं जानता था इस सफ़र का अन्जाम लेकिन

न जाने क्यूँ फिर भी मैं चलता रहा

मुझसे मेरी ज़िन्दगी की कहानी न पूछ

मैं ही जानता हूँ कि किस तरह जीता रहा

फिर एक बार उठा सवाल-ए-ज़िन्दगी

फिर एक बार मेरी ज़ुबाँ ख़ामोश थी

कमबख़्त याद था कि ज़िन्दा हूँ मैं अब तक

इतना पीने के बाद भी मुझको होश थी

हर उँगली थी मेरी तरफ, हर ज़ुबाँ पे मेरा नाम था

सज़ा मिली भी तो इश्क को, हुस्न निर्दोश थी

ता-उम्र तड़पते रहे हम जिसके एक नज़र दीदार को

गुज़रे जो काँधों पे हम तो ज़ीनें पे कहते हैं बे-पोश थी

एक रोज़ गुज़र गया तुझे मनाने में दूसरा इन्तज़ार में

अब क्या इज़हार, सुना है जवानी दो रोज़ थी

आसाँ नहीं है हज़ारों ग़म छुपा लेना हँसी के पीछे

न जाने कितने हैं तूफान इस ख़ामोशी के पीछे

ए होश वालो न हँसो मेरे यूँ लड़खड़ानें पर

कोई तो राज़ होगा मेरी इस मदहोशी के पीछे

संभल जाओ जब तलक है दम, चंद दम है और ज़िन्दगी

वर्ना रह जाओगे रोते यूँ ही, किसी की सरफरोशी के पीछे

कौन था कैसा था क्या तारीख़ थी उसकी

कितने मिले निशाँ रिंदों को मेरी ख़ानाबदोशी के पीछे

है लम्बा सफर अन्जान डगर, हूँ मन्जिल से अन्जाना मैं

न कोई हमसफर न उम्मीद कोई, बस तन्हा हूँ बस तन्हा हूँ

किसे कहूँ मैं हाल-ए-दिल, कैसे कहूँ तू आ के मिल

कोई कासिद नहीं जो पैग़ाम यह दे, कि तन्हा हूँ मैं तन्हा हूँ

रो लेता हूँ हँस लेता हूँ, न जाने कैसे जी लेता हूँ

हैं फ़िज़ां नज़ारे साथ मगर, मगर मैं फिर भी तन्हा हूँ

कुछ ख़त के पुर्जे मिले मुझे, तेरी याद रुलाने चली आई

वो गुज़री महफिल याद आई, लेकिन अब मैं तन्हा हूँ

एक वक्त था वो कि हम दोनो, ढूँढा करते थे तन्हाई को

अब तुम भी नहीं वो वक्त नहीं, लेकिन आज मैं तन्हा हूँ

ए खुदा मुझको भी कोई किनारा दे दे

किनारे तक जो ले जाए, वो सहारा दे दे

न दे ख़ुशी न सही मगर ग़म भी तो न दे मुझको

अश्कों भरी निगाह को कोई ख़ामोश नज़ारा दे दे

तूने मेरे नसीब में तेरी रहमत नहीं लिखी शायद

ख़ैरात में न सही तो अपना करम उधारा दे दे

वो एक पल बचपन का, कि मैं हँसा था कभी

वो पल न सही मगर वो अहसास दुबारा दे दे

मांगा ही क्या था तुझसे, न सूरज न चाँद

लाखों थे तेरे पास, मुझको भी कोई सितारा दे दे

दर्द की भी कोई तस्वीर बनाई जाए

अपने हाथों से यह तकदीर मिटाई जाए

उसके आने के कोई आसार तो हों

कब तलक उससे यह उम्मीद लगाई जाए

हर एक ज़ख़्म को फिर से तराशा जाए

फिर उसी मोड़ से मौहब्बत शुरू की जाए

कब तलक जलेंगे यह ज़िन्दगी के चिराग़

तब तलक तो मगर इनसे रौशनी की जाए

माँगने से भी कहां मिलती हैं जहाँ में ख़ुशियां

यह भी मुमकिन नहीं कि छीन कर लाई जाए

बुझे चिराग़ को फिर से जला रहा है कोई

नय मुक़ाम को फिर से दिखा रहा है कोई

भरे भी नहीं हैं अभी ज़ख़्म पुराने

नय नश्तर फिर से चुभा रहा है कोई

किसी दीवार का फिर हुआ है सीना छलनी

किसी तस्वीर को फिर से लगा रहा है कोई

हर तरफ फूल हैं लेकिन मुरझाए हुए

अपने अशकों को हँसी में छुपा रहा है कोई

पुकारता कौन है न जाने मेरे नाम से मुझको

किसी की याद को फिर से दिला रहा है कोई

हमको तेरे इश्क नें दीवाना कर दिया

तुमको शमां हमें परवाना कर दिया

हमने तो ज़ुबाँ ख़ामोश रखी थी

तुमने सरे-शहर अफसाना कर दिया

अपना बना कर एक तूने हमको

हर शय से ज़माने की बेगाना कर दिया

सुना है हर रिंद पे वो करम करते हैं

हर वली ने तेरे कूचे में ठिकाना कर लिया

ढूँढने भी जाते कहां तुझको, जब न आया समझ में

अपने ही घर को हमने तेरा बुतख़ाना कर लिया

सरे-बाज़ार मेरे यारों नें

मुझ पर लगाईं तौहमतें कैसी-कैसी

एक तजुर्बा है हमें कई रंगों का इश्क के

हमने देखीं हैं जहाँ मे मौहब्बतें कैसी-कैसी

क्या क्या बयाँ करें हम हाल-ए-दिल अपना

मौहब्बत ने दिखाई हैं मुसीबतें कैसी-कैसी

वो मुजरिम-ए-वक्त जो कभी मुनसिफ़ था

देते हैं रिंद उसको नसीहतें कैसी-कैसी

कोई एक शक्ल हो तो भी बयाँ करें

बदलते हैं वो हर पल न जाने सूरतें कैसी-कैसी

जिस चमन में था मेरा आशियाना कभी

उस चमन को ढूँढता है आज फिर यह दिल

वो बहार जिसमें ख़ुशियों के गुल थे

उस बहार का पता पूछता है यह दिल

ज़िन्दगी की रुसवाईयों में खो गए हैं इस कदर

कि मौत की तन्हाईयों से डर अब लगता नहीं है

राह-ए-ज़िन्दगी के हर हमराह से अब

मन्ज़िल के निशाँ पूछता है यह दिल

यूँ तो चाहने वाले थे हमारे भी बहुत

मगर ख़ुदगर्जी ने मुझे छोड़ दिया तन्हा

फिर से उसी मोड़ पर बैठा

अजनबी भीड़ में पहचान ढूँढता है यह दिल

हज़ारों बार चोट खाई, कई बार ज़ख़्म सहे इसनें
मगर फिर उन्हीं ख़ँजरों से टकराता है यह दिल
ख़ाक में भी पड़ा है मगर मानता नहीं
न जानें किस शय से बना है यह दिल

काश होता कोई अपना भी मसीहा

ज़िन्दगी न सही, मौत की फरियाद तो करते

ज़हर पीने की एक आदत है हमें

वर्ना रह-रह कर तुझे याद न करते

तेरा पता लिए फिरता है हरेक शख्स यहां

हमको भी ख़बर होती तो उम्र यूँ बर्बाद न करते

ताबीर को जो तवक्को थी ख़िज़ाँ की हमसे

हम ख़्वाबों में यूँ चमन आबाद न करते

एक उम्मीद बची थी ऐ दोस्त तुमसे

कम से कम तुम तो मुझे नाशाद न करते

कुछ ग़म नहीं मुझको मगर फिर भी

इक दर्द रहा पास मगर फिर भी

यूँ तो कहने को समन्दर है मेरे हर तरफ

बुझती नहीं है प्यास मगर फिर भी

कोई आरज़ू न रही बाकी दिल को

क्यूँ है यह उदास मगर फिर भी

मै जानता हूँ वो न आएगा लौट कर

कहीं पर तो है एक आस मगर फिर भी

है ख़बर कि ना-मुमकिन है यूँ तेरा मिलना

क्यूँ रहती है तेरी तलाश मगर फिर भी

सुनते हैं चमन में आज बहारों का काफिला था

मेरे भी घर में आज यारों का सिलसिला था

आया था ले के ग़म कुछ अश्कों को साथ अपने

न पूछ किस कदर फिर दौर-ए-सुखन चला था

बदनसीबी का आलम कि ता-उम्र परेशाँ रखा

और सुकूँ मुझको कहां तुर्बत में भी मिला था

तेरे इश्क से पहचान थी यूँ तो दुनियां में मेरी

तूने ही न समझा काबिल बस इतना गिला था

दोसती पे ग़ुरूर क्यों न करुं कि सब है बदौलत इसके

हुनर-ए-सुखन यह आख़िर इसका ही तो सिला था

पूछा ख़ुदा नें मुझसे, बता तेरी पहचान क्या है

बाद तौबा के भी लब पर, तेरा ही नाम आया

झुकते-झुकते झुक गई मेरी गर्दन कब्र तक

बड़ी देर बाद मेरे मुखालिफ, तेरा सलाम आया

कुछ न रहा था बाकी मेरे आशियां का नामोनिशाँ

जब तलक तेरा कासिद मुझ तक तेरा पैग़ाम लाया

तरसते रहे ता-उम्र जिस पर्दानशीँ के दीदार को हम

बाद मरने के कहते हैं तुर्बत पे खुलेआम आया

गर है कहीं तो आकर जलवा दिखा मुझे

गर है नहीं तो निजात वहम से दिला मुझे

तेरे फरेब ने ता-उम्र परेशाँ मुझे रखा

मेरे यकीन से भी, न कुछ हासिल हुआ मुझे

एक बिसात सी बिछी है, तेरे इश्क की जहाँ मे

तेरे दर का ही न बस कहीं पता चला मुझे

ज़िन्दगी जो तेरी थी तो मैं कहाँ पे था

किसका हिसाब दूं तुझे, अब तू ही बता मुझे

यह दैर-ओ-हरम है क्या, यह मैख़ाने हैं किसके

ऐ साकी कहीं पिला, लेकिन पिला मुझे

हाथों की लकीरें भी अब चेहरे पे नज़र आतीं हैं

लेकिन इस सफ़र में आखिर, क्या मिला मुझे

अच्छा है कि ज़िन्दगी यूँ ही चलती रहे

यह शमाँ ग़म-ए-हयात की यूँ ही जलती रहे

जिन्हें तलाश है सुकूँ की वो सुकून ढूँढ लें

मेरे दिल की यह तिश्नगी यूँ ही बढ़ती रहे

कोई गिला नहीं किसी ताल्लुक से अब हमें

दुश्मनी रहे या तुमसे अब दोसती रहे

दुनियां से थी तवक्को उल्फत की कब हमें

आरज़ू-ए-रहमत-ए-ख़ुदा थी, बस वो मिलती रहे

मैं जानता हूँ हश्र पे मेरा अन्जाम भी ऐ दोसतो

जब तलक गुज़रती है मगर यूँ ही गुज़रती रहे

ਪੰਜਾਬੀ

ਰੱਖ ਸਾਂਭ ਕੇ ਪੰਜ ਨਮਾਜਾਂ ਤੂੰ
ਸਾਂਨੁ ਇਸ਼੍ਕ ਦਾ ਦੇ ਕੋਈ ਕਲਾਮ ਮਿਯਾਂ

ਸਾਂਨੁ ਕਰਨ ਦੇ ਇਬਾਦਟਤ੍ ਇਸ਼ਕੇ ਦੀ
ਐਵੇਂ ਦੇ ਨਾ ਕੋਈ ਅਜਾਨ ਮਿਯਾਂ

ਸਾਡਾ ਧਰਮ ਹੈ ਇਸ਼੍ਕ ਤੇ ਕਾਫ਼ਰ ਸੱਦ
ਸਾਂਨੁ ਆਖ ਨਾ ਤੂੰ ਮੁਸਲਮਾਨ ਮਿਯਾਂ

ਜਿਹੜਾ ਇਸ਼੍ਕ ਦਾ ਵੈਰੀ ਓਸ ਨਾਲ ਲੜ
ਐਵੇਂ ਲੜਦਾ ਪਿਆ ਏਂ ਤੂ ਸ਼ੈਤਾਨ ਮਿਯਾਂ

ਕੀ ਲੈਣਾਂ ਏਂ ਅਸਾਂ ਜਾ ਕੇ ਕਾਬੇ ‘ਤੋਂ
ਸਾਡੇ ਯਾਰ ਦੇ ਸਦਕੇ ਸਭ ਜਹਾਨ ਮਿਯਾਂ

ਵੇ ਅਸਾਂ ਅਕਲਾਂ ਦੇ ਝੇੜੇ ਕੀ ਕਰਨੇਂ
ਸਾਂਨੁ ਇਸ਼੍ਕ ਦੇ ਨਸ਼ੇ ਤੇ ਹੈ ਮਾਣ ਮਿਯਾਂ

ਸਾਂਨੂ ਮੌਤ ਤੇ ਜਿੰਦਗੀ ਕੀ ਸਮਝਾਨਾਂ ਏਂ

ਸਾਡੀ ਯਾਰ ਦੇ ਹੱਥ ਜਿਸ੍ਮ 'ਤੇ ਜਾਨ ਮਿਯਾਂ

ਬਿਨਾਂ ਇਸ਼੍ਕ ਦੇ ਮੁਰਸ਼ਿਦ ਮਿਲਦਾ ਨਹੀਂ

'ਤੇ ਲੋਕੀਂ ਰਹਿੰਦੇ ਨੇ ਕਿਸੇ ਹੋਰ ਗੁਮਾਨ ਮਿਯਾਂ

ਕੀਮਤ ਇਸ਼੍ਕ ਦੀ ਦੱਸੇ, ਉਹ ਝੂਠ ਬੋਲੇ

'ਤੇ ਇਹ ਵਿਕਦਾ ਨਹੀਂ ਵਿੱਚ ਦੁਕਾਨ ਮਿਯਾਂ

ਲਿਖ-ਲਿਖ ਕੇ ਲੇਖ ਪੜ਼ ਹਜਾਰ ਕਿਤਾਬਾਂ

ਤੁਰਿਆ ਫਿਰਦਾਂ ਏਂ ਅਜੇ ਵੀ ਤੂੰ ਅਣਜਾਣ ਮਿਯਾਂ

ਜਿਸ ਦੁਨਿਆਂ ਲਈ ਤੂੰ ਐਨੇ ਝੇੜੇ ਕਰਦਾ ਏਂ

ਉਥੇ ਰਿਹਾ ਨਾ ਕੋਈ ਫਕੀਰ 'ਤੇ ਸੁਲਤਾਨ ਮਿਯਾਂ

'ਤੇ ਸੱਚਾ ਰੱਬ ਜਿਸ ਸ਼ਹਿ ਨੂੰ ਤੂ ਕਹਿੰਦਾ ਏਂ

ਉਹ ਮਿਲਦੀ ਨਹੀ ਵਿੱਚ ਏਸ ਜਹਾਨ ਮਿਯਾਂ

ਤੂ ਵੀ ਛੱਡ ਕੇ ਇਕੱ ਦਿਨ ਤੁਰ ਜਾਣਾਂ ਏ

ਤੇਰਾ ਰਹਿਣਾਂ ਨਾ ਕੋਈ ਨਿਸ਼ਾਨ ਮਿਯਾਂ

ਦਰ ਦੂਰ ਨਹੀਂ ਉਸ ਮੁਰਸ਼ਿਦ ਦਾ

ਆ ਵੇਖ ਗਲੀ ਇਸ਼ਕ ਦੀ ਆਣ ਮਿਯਾਂ

ਜੇਹੜਾ ਰੁੱਸਿਆ ਮੇਰਾ ਯਾਰ ਮਨਾ ਦੇਵੇ

ਹੋਵਾਂ ਲੱਖ ਵਾਰ ਮੈਂ ਉਸ ਦੇ ਕੁਰਬਾਨ ਮਿਯਾਂ

ਮੇਰਾ ਮਜ਼ਹਬ ਇਸ਼ਕ ਹੈ ਤੇ ਇਬਾਦਤ ਇਸ਼ਕ

ਇਸ਼ਕ ਦੀਨ ਦੁਆ 'ਤੇ ਈਮਾਨ ਮਿਯਾਂ

ঞ্ঞঞ

ਇਕੱ ਪੀੜ ਜਹੀ ਦਿਲ 'ਚੋਂ ਉਠੱਦੀ ਹੈ

'ਤੇ ਇਸ ਦਰਦ ਦਾ ਮਰਹਮ ਲੱਭਦਾ ਨਹੀਂ

ਜਿਹੜਾ ਸਾਹਮਣੇਂ ਹੈ ਉਹ ਯਾਰ ਨਹੀਂ

'ਤੇ ਜਿਹੜਾ ਯਾਰ ਹੈ ਉਹ ਦਿਸੱਦਾ ਨਹੀਂ

ਭੈੜੀ ਜਿੰਦਗੀ ਦੇ ਪੈਂਡੇ ਲੰਮੇ ਨੇਂ

'ਤੇ ਇਕੱ ਪੈਰ ਵੀ ਪੱਟਿਆ ਜਾਂਦਾ ਨਹੀਂ

ਦੁਖੱ ਤੇ ਜਿੰਦਗੀ, ਦੋਵੇਂ ਨੇਂ ਮੂਲੋਂ ਹਾਣੀਂ

ਤੋੜ ਤੋੜ ਕੇ ਵੀ ਇਹ ਰਿਸ਼ਤਾ ਟੁਟੱਦਾ ਨਹੀਂ

ਆਸ ਦਿਲ ਦੀ ਖੁਰਾਕ ਤੇ ਰੋਣ ਅਖਾਂ ਦਾ

'ਤੇ ਛੂਠੀ ਆਸ ਤੇ ਦੱਸ ਕੌਣ ਹੈ ਜਿਉਂਦਾ ਨਹੀਂ

ਇਸ਼ਕ ਦਰਿਆ ਲੰਘਣਾਂ ਮੂਲ ਐਖਾ ਨਹੀ ਸੀ

ਸਾਡਾ ਯਾਰ ਹੈ ਜੋ ਨਾਲ਼ ਤੁਰਦਾ ਨਹੀਂ

ਇਕੱ ਹਾਸਾ ਹੈ ਜਿਸ ਵਿਚੱ ਲੁਕਾਈ ਰੱਖਦੇ ਹਾਂ

ਦੁਖੱ ਜਿੰਦਗੀ ਦਾ ਦੱਸਿਆ ਜਾਂਦਾ ਨਹੀਂ

ਜਾਚੀ ਜਦ ਮੈਂ ਹਕੀਕਤ ਸਇਓ

ਜੱਗ ਝੂਠ ਫ਼ਰੇਬ ਪੁਲ਼ਿਦਾ ਲੱਗਾ

ਕਿਸੇ ਹੋਰ ਦਾ ਮਾਣ ਮੈਂ ਦੱਸ ਕਰਾਂ ਕੀ

ਜਦ ਮੈਂ ਵਿਚੱ ਹੀ ਮੈਂ ਨਾ ਲੱਭਾ

ਦੁਨਿਆਂ ਆਣਾ ਜਾਣਾ ਸੱਚ ਹੈ

ਜੱਗ ਸਵਾਰੀ ਡੱਬਾ ਲੱਦਾ

ਕਿਸੇ ਨੇ ਅਜੱ ਕਿਸੇ ਕੱਲ ਤੁਰ ਜਾਣਾਂ

ਧੱਕੋ ਧੱਕੀ ਹਰ ਬੰਦਾ ਲੱਗਾ

ਅਖਿਆਂ ਤੇ ਹੰਨ ਪਰ ਸੋਝੀ ਨਾਹੀ

ਹਰਿ ਦੇ ਫੇਰ ‘ਚ ਹਰ ਕੋਇ ਬੱਧਾ

ਇਸ਼ਕ ਦੇ ਹੀਰੇ ਜੱਗ ਸੁਖੱਲੇ ਨਾਹੀ

ਏਥੇ ਜੌਹਰੀ ਨੂੰ ਵੀ ਕੱਖ ਨਾ ਲੱਭਾ

ਜਦ ਰਹਿਮਤ ਯਾਰ ਦੀ ਹੋਈ ਸਇਓ

ਹਰ ਥਾਂ ਉਹ ਹਰ ਮੈਂ ਉਹ ਲੱਗਾ

ਜਿੰਦਗੀ ਕਾਹਦੀ ਕੋਈ ਡਾਹਡਾ ਈ ਵੈਰ

ਜਿਵੇਂ ਮਰੂ ਦੀ ਸਿਖਰ ਦੁਪੈਹਿਰ

ਨਾ ਪਾਣੀ ਨਾ ਸਾਯਾ ਕੋਈ

ਨੰਗਾ ਸਿਰ ਤੇ ਨੰਗੇ ਪੈਰ

ਨਾ ਬਾਪੂ ਨਾਲ ਕੋਈ ਖੇਡ ਖਿਡਾਇਆ

ਨਾ ਸੱਜਣਾਂ ਦਾ ਪਿਆਰ ਮੈਂ ਪਾਇਆ

ਨਾ ਕੋਈ ਸੰਗੀ ਨਾ ਸਾਥੀ ਕੋਈ

ਤੁਰਦਾ ਰਿਹਾ ਮੈਂ ਹਰ ਕਿਸੇ ਬਗੈਰ

ਸੁੰਨਿਆਂ ਰਾਹਵਾਂ ਦਿਲ ਨੂੰ ਡਰਾਵਣ

ਅਖਿੱਆਂ ਵਿਚਾਰਿਆਂ ਮਾਹੀ ਨੂੰ ਲੱਭਣ

ਗਲ਼ਵੱਕੜੀ ਲਇ ਦਿਲ ਪਿਆ ਧੜਕੇ

ਜਿਵੇਂ ਤੜਪੇ ਮੱਛੀ ਪਾਣੀ ਬਗੈਰ

ਜੋ ਕੁੱਛ ਵੀ ਹੈ ਸਾਈਂ ਕਰਦਾ

ਉਸ ਦੇ ਤੋਰੇ ਹਰ ਬੰਦਾ ਤੁਰਦਾ

ਮੈਂ ਵੀ ਤੈਥੋਂ ਕੋਇ ਵਾਂਝਾ ਨਾਹੀ

ਮੰਗਦਾ ਸਇਆਂ ਬੱਸ ਤੈਥੋਂ ਖੈਰ

ਅਸਾਂ ਇਸ਼ਕ ਦੀ ਝਾਂਝਰ ਪਾ ਬੈਠੇ

ਬਣ ਕਮਲੀ ਆਪ ਨਚਾ ਬੈਠੇ

ਤੇਰੀ ਇਸ਼ਕ ਖੁਮਾਰੀ ਵਿੱਚ ਰਾਂਝਣ

ਅਸਾਂ ਆਪਣਾਂ ਆਪ ਗਵਾ ਬੈਠੇ

ਤੂੰ ਅਵੱਲ ਤੇ ਦੋਮ ਨਾ ਕੋਈ

ਹਰ ਸਿਮ੍ਤ ਤੇਰੀ ਪਰਛਾਈ ਦਿੱਸੇ

ਮੈਂ ਵਿੱਚ ਮੈਂ ਨਾ ਕਾਇ ਰਹੀ

ਜਦ ਪਿਆਰ ਤੇਰੇ ਨਾਲ਼ ਪਾ ਬੈਠੇ

ਦੁਨਿਆਦਾਰੀ ਨਾਂ ਮੂਲ ਸੁਹਾਵੇ

ਕੱਲਿਆਂ ਵੀ ਚਿੱਤ ਰੌਲ਼ਾ ਪਾਵੇ

ਬਾਂਝ ਤੇਰੇ ਹਾਂ ਪਰ ਵਾਂਝਾ ਨਾਹੀ

ਅਸਾਂ ਦਿਲ ਅਪੱਣੋਂ ਨੂੰ ਸਮਝਾ ਬੈਠੇ

ਦੌਲਤ ਦੁਸ਼ਮਣ ਅਕਲ ਦੀ ਕਹਿੰਦੇ

ਅਸਾਂ ਦੌਲਤ ਇਸ਼ਕ ਕਮਾ ਬੈਠੇ

ਚੜੇ ਇਸ਼ਕ ਖੁਮਾਰੀ ਕਾਫ਼ਰ ਕਹਿੰਦੇ

ਅਸਾਂ ਵਾਂਗ ਫ਼ਕੀਰਾਂ ਭੇਸ ਬਣਾ ਬੈਠੇ

ਪੀੜਾਂ ‘ਚੋਂ ਪੀੜ਼ ਮੈਂਨੂ ਲੱਭੀ ਇਕੱ
‘ਤੇ ਉਸ ਪੀੜ਼ ਦੇ ਮੈਂ ਸੱਦਕੇ ਲੱਖ ਵਾਰ ਹੋਵਾਂ

ਦੁਨਿਆਂ ਮੈਂਨੂ ਤੱਕਦੀ ਇਕੱਲਿਆਂ ਰਹੀ
ਤੇ ਮੈਂ ਕੱਲਿਆਂ ਵੀ ਲੱਖ ਹਜਾਰ ਹੋਵਾਂ

ਸੱਦਕੇ ਜਾਂਵਾਂ ਉਸ ਯਾਰ ਦੇ ਮੇਰੇ
ਉਹ ਮਹਿਬੂਬ ਮੇਰਾ ਤੇ ਮੈਂ ਉਸ ਦਾ ਪਿਆਰ ਹੋਵਾਂ

ਕਿੰਨਾਂ ਇਸ਼੍ਕ ਹੈ ਤੇ ਕਿੰਨਾਂ ਦਰਦ ਹੈ ਦਿਲ ਦਾ
ਦੱਸਾਂ ਤੈਂਨੂ ਜੇ ਸਾਹ੍ਮਣੇ ਇਕੱ ਵਾਰ ਹੋਵਾਂ

ਸੌਦਾ ਇਸ਼੍ਕ ਦਾ ਵੀ ਤੇਰਾ ਮਨਜ਼ੂਰ ਮੈਂਨੂ
ਜੇ ਤੂੰ ਸ਼ਾਹ ਹੋਵੇਂ ਤੇ ਮੈਂ ਤੇਰਾ ਕਾਰੋਬਾਰ ਹੋਵਾਂ

ਮਾਇ ਨੀ ਮੈਂ ਅਜੱ ਸਿਵਿਆਂ 'ਚ ਆਇਆ
ਲੈ ਕੇ ਅਰਥੀ ਅਪੱਣੇਂ ਗੀਤਾਂ ਦੀ

ਗੀਤ ਜੋ ਸੰਨ ਮੇਰੇ ਸੱਜਣ ਬੇਲੀ
ਗੀਤ ਸੀ ਜੋ ਮੇਰੀ ਸੰਗ ਸਹੇਲੀ
ਛੁੱਟਿਆ ਅਜੱ ਇਹ ਸਾਥ ਵੀ ਮੈਥੋਂ
ਕੀ ਗੱਲ ਸੁਣਾਂਵਾਂ ਹੋਰ ਪ੍ਰੀਤਾਂ ਦੀ

ਕਦ ਜੰਮੇਂ ਕਦ ਖੇਡ ਖਿਡਾਏ
ਕਦ ਮਾਹੀ ਦੇ ਦਰ ਤੇ ਆਏ
ਸਾਨੂੰ ਮੂਲ਼ ਨਾ ਸਮਝ 'ਚ ਆਏ
ਜਿੰਦੜੀ ਦੀ ਬਦਲਦੀ ਰੁੱਤਾਂ ਦੀ

ਗੀਤ ਜਿਹਨਾਂ ਨਾਲ਼ ਸਾਂਝ ਸੀ ਮੇਰੀ

ਜਿੰਦਗੀ ਦਿਆਂ ਸਾਰੀਆਂ ਪੀੜਾਂ ਦੀ

ਕੌਣ ਸੁਣੇਗਾ ਬਾਂਝ ਇਹਨਾ ਦੇ

ਗੱਲ ਉਮਰਾਂ ਦਿਆਂ ਕਾਲੀਆਂ ਰਾਤਾਂ ਦੀ

ਚਲ ਖੁਸ਼ੀ ਮਨਾਇਏ ਮਿਲ ਕੇ ਮਾਏ

ਦੁੱਖ ਦਰਦ ਵਿਛੋੜੇ ਗਲ਼ ਮਾਹੀ ਲਾਏ

ਕੌਣ ਏਸ ਜੱਗ ਨੂੰ ਸਮਝਾਏ

ਦਵੇ ਦੁਹਾਇ ਝੂਠਿਆਂ ਰੀਤਾਂ ਦੀ

ਮਾਇ ਨੀਂ ਮੈਂ ਅਜੱ ਸਿਵਿਆਂ 'ਚ ਆਇਆ

ਲੈ ਕੇ ਅਰਥੀ ਆਪਣੇਂ ਗੀਤਾਂ ਦੀ

ਨਾ ਤੇਰਾ ਨਾ ਮੇਰਾ ਬੰਦਿਆ

ਇਹ ਜੱਗ ਮੁਸਾਫਿਰਖਾਨਾ

ਮੁਸਾਫਿਰ ਬੈਠੇ ਏਥੇ ਸਾਰੇ

ਸੱਭ ਨੇ ਹੈ ਤੁਰ ਜਾਣਾ

ਜਾਤ ਧਰਮ ਦਾ ਭੇਦ ਨੀ ਪੁੱਛਣਾ

ਨਾ ਮੰਗਤਾ ਨਾ ਦਾਨੀ

ਔਥੇ ਬੰਦਿਆ ਕੰਮ ਆਣੀਂ ਏ

ਤੇਰੀ ਦਿੱਤੀ ਕੁਰਬਾਨੀ

ਕਰ ਤਿਆਰੀ ਅਜੱ ਤੁ ਬੰਦਿਆ

ਕੱਲ ਮਾਹੀ ਦੇ ਜਾਣਾ

ਲੁੱਟ ਕੇ ਦੁਨਿਆਂ ਲੈ ਭਰ ਖਜਾਨੇਂ

ਤੇਰੇ ਕੰਮ ਨੀ ਕੁੱਛ ਵੀ ਆਣਾ

ਲੱਖ ਬਣਾ ਲੈ ਸੱਜਣ ਬੇਲੀ

ਸਭ ਨੇਂ ਏਥੇ ਹੀ ਰਹਿ ਜਾਣਾ

ਤੂੰ ਕੱਲਿਆਂ ਹੈ ਆਇਆ ਏਥੇ

ਤੂੰ ਕੱਲਿਆਂ ਹੀ ਤੁਰ ਜਾਣਾ

ਆਪਣੇ ਜੋਗੀ ਕਰਦਾ ਏਂ

ਤੂੰ ਆਪਣੇ ਜੋਗਾ ਰਹਿ ਜਾਣਾ

ਜਿਸ ਮਿੱਟਿ ਤੋਂ ਬਣਿਆ ਹੈਂ

ਉਸ ਮਿੱਟੀ ਵਿੱਚ ਹੀ ਡਹਿ ਜਾਣਾ

ਸੁਣ ਮਾਲਕ ਦੀ ਕਰ ਮਾਲਕ ਦੀ

ਜੇ ਉਸ ਮਾਲਕ ਦਾ ਹੋ ਜਾਣਾ

ਚੁੱਕੀ ਪੰਡ ਹੈ ਕਰਮਾਂ ਦੀ ਤੂੰ

ਫਿਰਦਾ ਏਂ ਜੰਗਲ ਬੇਲੇ

ਰਹਿ ਜਾਣੇ ਸਭ ਏਥੇ ਬੰਦਿਆ

ਕੀ ਝੇੜੇ ਕੀ ਮੇਲੇ

ਉਠੱ ਕੋਇ ਗੱਲ ਅਕਲ ਦੀ ਕਰ ਲੈ

ਨਹੀਂ ਤੇ ਸੁੱਤਿਆਂ ਹੀ ਰਹਿ ਜਾਣਾ

ਨਾ ਤੇਰਾ ਨਾ ਮੇਰਾ ਬੰਦਿਆ

ਇਹ ਜੱਗ ਮੁਸਾਫਿਰਖਾਨਾ

ਮੁਸਾਫਿਰ ਬੈਠੇ ਏਥੇ ਸਾਰੇ

ਸੱਭ ਨੇ ਹੈ ਤੁਰ ਜਾਣਾ

ਮੈਨੂੰ ਇਲ੍ਮ ਨਾ ਦੇ ਮੌਲਾ

ਕੀ ਕਰਨਾ ਏ ਮੈਂ ਕਿਤਾਬਾਂ ਦਾ

ਮੈਨੂੰ ਬਖ਼ਸ਼ਿਸ਼ ਕਰ ਬੇਖ਼ੁਦੀ ਦੀ

ਦੇ ਤੇਰਾ ਇਸ਼੍ਕ ਬੇਹਿਸਾਬਾਂ ਦਾ

ਦੁਨਿਆ ਮਿਲੇ ਵੀ ਤੇ ਕੀ ਕਰਨਾ ਏ

ਤੂੰ ਮਿਲੇ ਤੇ ਕੋਈ ਗੱਲ ਬਣਦੀ ਏ

ਇਕੱ ਤੂੰ ਹੋਵੇਂ ਇਕੱ ਮੈਂ ਹੋਵਾਂ

ਫੇਰ ਨਾ ਤੂੰ ਹੋਵੇਂ ਤੇ ਨਾ ਮੈਂ ਹੋਵਾਂ

ਕਦੇ ਆ ਕੇ ਤਸਕੀਨ ਤੂੰ ਦੇ ਮੈਨੂੰ

ਬਣ ਜਾ ਤਾਬੀਰ ਤੂੰ ਮੇਰੇ ਖ਼ਯਾਲਾਂ ਦਾ

ਕਾਬਾ-ਤੀਰਥ ਸਬ ਘੁੰਮ ਹਾਰੇ

ਨਹੀ ਮਿਲਿਆ ਜਵਾਬ ਤੇਰੇ ਸਵਾਲਾਂ ਦਾ

ਸਾਥੋਂ ਪੰਜ ਨਮਾਜਾਂ ਨਾ ਗਿਣ ਹੋਇਆਂ

ਸਾਡਾ ਵਰਕਾ ਈ ਬੇਹਿਸਾਬਾਂ ਦਾ

ਮੇਰੀ ਮੈਂ ਵਿਚੱ ਵੀ ਤੂ ਹੀ ਤੂ ਵਸਦਾ

ਬਸ ਓਹਲਾ ਈ ਇਹਨਾਂ ਹਿਜਾਬਾਂ ਦਾ

ਅਸਾਂ ਹੁਣ ਤੁਰ ਜਾਣਾ

ਅਸਾਂ ਹੁਣ ਤੁਰ ਜਾਣਾ

ਤੁਰ ਜਾਣਾਂ ਨੀ ਮੇਰਿਏ ਮਾਏ

ਅਸਾਂ ਹੁਣ ਤੁਰ ਜਾਣਾ

ਤੁਰ ਜਾਣਾ ਨੀ ਦੇਸ ਪਰਾਏ ਮਾਏ

ਅਸਾਂ ਹੁਣ ਤੁਰ ਜਾਣਾ

ਤੇਰਿਆਂ ਛਾਂਵਾਂ ਠੰਡਿਆਂ ਛੱਡ ਕੇ

ਵੇਹੜੇ ਦਿਆਂ ਸਭ ਖੁਸ਼ਿਆਂ ਛੱਡ ਕੇ

ਜਿੱਥੇ ਜੰਮੇ ਖੇਡ ਖਿਡਾਏ ਮਾਏ

ਅਸਾਂ ਹੁਣ ਤੁਰ ਜਾਣਾ

ਮੁੱਕ ਜਾਣਾ ਸਾਹਵਾਂ ਦੀ ਅਜ਼ੱ ਇਸ ਡੋਰ ਨੇ

ਮੇਰੇ ਨਾਲ ਅਜੱ ਇਹ ਵੀ ਕੁੱਛ ਦੇਰ ਹੋਰ ਨੇਂ

ਖੁੱਲ ਜਾਣੇ ਅਜੱ ਜਿੰਨੇ ਪੇਚੋਂ ਪਾਇ ਮਾਇ

ਅਸਾਂ ਹੁਣ ਤੁਰ ਜਾਣਾ

ਅਜੱ ਕੋਈ ਰੋਕ ਨਹੀ ਸਕਦਾ ਮੈਂਨੂ
ਲੱਗਿਆ ਰੋਗ ਸੀ ਇਸ਼ਕ ਦਾ ਮੈਂਨੂ
ਹਾਰੇ ਜਿੰਨੇ ਵੀ ਤੂੰ ਵੈਦ ਬੁਲਾਏ ਮਾਏ
ਅਸਾਂ ਹੁਣ ਤੁਰ ਜਾਣਾ

ਸਾਂਨੂ ਜਿਸ ਵੇਲੇ ਦੀ ਉਮਰੋਂ ਉਡੀਕ ਸੀ
ਮਿਲਣੇ ਦੀ ਮਿੱਥੀ ਉਸ ਮਾਹੀ ਨੇ ਤਰੀਕ ਸੀ
ਅਜੱ ਉਸ ਦੇ ਸੁਨੇਹੇ ਆਏ ਮਾਏ
ਅਸਾਂ ਹੁਣ ਤੁਰ ਜਾਣਾ

ਛੁੱਟ ਚੱਲੇ ਹਾਂ ਜਿੰਦਗੀ ਦੀ ਕੈਦ 'ਚੋਂ ਮਾਏ
ਲੱਥ ਜਾਣਾ ਜਿੰਨਾ ਸਾਡਾ ਬੋਝ ਸੀ ਮਾਏ
ਸਾਡਾ ਕੋਈ ਨਾ ਸੋਗ ਮਨਾਏ ਮਾਏ
ਅਸਾਂ ਹੁਣ ਤੁਰ ਜਾਣਾ

ਤੇਰਾ ਮੇਰਾ ਸਾਥ ਮਾਏ ਬੱਸ ਏਨੀ ਦੇਰ ਸੀ

ਮੇਰਾ ਨਾ ਕਸੂਰ ਮਾਏ ਸਮਿਆਂ ਦਾ ਫੇਰ ਸੀ

ਜਾਣਾ ਲਿਖਿਆ ਸੀ ਜਦੋਂ ਅਸਾਂ ਅਏ ਮਾਏ

ਅਸਾਂ ਹੁਣ ਤੁਰ ਜਾਣਾ

ਜਿੰਦਗੀ ਦਾ ਫੇਰ ਮੈਂਨੂ ਕੋਇ ਸਮਝਾ ਗਿਆ

ਬਲ਼ਦੀ ਚਿਤਾ ਨੂੰ ਮੇਰੀ ਹੋਰ ਅਗੱ ਲਾ ਗਿਆ

ਇਹਨਾਂ ਲੱਗਿਆਂ ਨੂੰ ਕੌਣ ਬੁਝਾਏ ਮਾਏ

ਅਸਾਂ ਹੁਣ ਤੁਰ ਜਾਣਾ

ਤੁਰ ਜਾਣਾ ਨੀ ਮੇਰਿਏ ਮਾਏ

ਅਸਾਂ ਹੁਣ ਤੁਰ ਜਾਣਾ

ਅਸਾਂ ਹੁਣ ਤੁਰ ਜਾਣਾ

ਮਿੱਟੀ ਹੈ ਅਨਮੋਲ ਸੱਜਣਾਂ

ਮਿੱਟੀ ਹੈ ਅਨਮੋਲ

ਸੱਬ ਦੁਨਿਆਂ ਦੀ ਸਿਰਜਣਹਾਰੀ

ਚੁੱਕਦੀ ਸਭ ਦਾ ਬੋਝ ਸੱਜਣਾਂ

ਜਿਉਂਦਿਆਂ ਜੀ ਨਾਲ ਖੇਡ ਖਿਡਾਵੇ

ਮੋਇਆਂ ਨੂੰ ਰੱਖੇ ਕੋਲ਼ ਸੱਜਣਾਂ

ਨਾ ਕੋਇ ਕੀਮਤ ਏਸ ਬਰੋਬਰ

ਨਾ ਹੀ ਇਸਦਾ ਕੋਈ ਮੋਲ ਸੱਜਣਾਂ

ਪੈਰਾਂ ਉਪੱਰ ਭਾਰ ਹੈ ਚੁੱਕਿਆ

ਨਾ ਪੈਰਾਂ ਥੱਲੇ ਰੋਲ਼ ਸੱਜਣਾਂ

ਮਿੱਟੀ ਆਇਆਂ ਮਿੱਟੀ ਜਾਣਾ

ਮਿੱਟੀ ਬੋਲੇ ਮਿੱਟੀ ਬੋਲ ਸੱਜਣਾਂ

ਧਰਤੀ ਨੇਂ ਤਾਂ ਕਦੇ ਨਾ ਸੋਚਿਆ

ਕਿਹੜਾ ਹਿੰਦੂ ਮੁਸ੍ਲਿਮ ਹੈ

ਫੁੱਲਾਂ ਦੀ ਖੁਸ਼ਬੂ ਨਾ ਦੇਖੇ

ਕਿਹੜਾ ਸਿੱਖ ਇਸਾਈ ਹੈ

ਰੁੱਖਾਂ ਦੀ ਛਾਂਵਾਂ ਦੇ ਥੱਲੇ

ਕਿਹੜਾ ਖੜ੍ਹਦਾ ਬਹਿੰਦਾ ਹੈ

ਰੁੱਖਾਂ ਨੇ ਤੇ ਕਦੇ ਨਾ ਪੁੱਛਿਆ

ਕੌਣ ਉਹਨਾਂ ਦੇ ਫ਼ਲ਼ ਖਾਂਦਾ ਹੈ

ਕੋਇਲ ਗਾਵੇ, ਚਿੜਿਆਂ ਚਹਿਕਣ

ਪਰ ਉਹ ਕਦੇ ਕਿਸੇ ਨਾਂ ਪੁੱਛਣ

ਕੌਣ ਹੈਂ ਤੂੰ ਕੀ ਧਰਮ ਹੈ ਤੇਰਾ

ਕੀ ਨਾਂ ਹੈ ਕੀ ਮਜ਼ਹਬ ਤੇਰਾ

ਸੂਰਜ ਅੰਬਰ ਤੇ ਮਾਰੇ ਲਿਸ਼ਕਾਂ

ਸਬ ਨੂੰ ਚਾਨਣ ਦੇਂਦਾ ਉਹ

ਚਾਨਣ ਦੇ ਉਸ ਦਾਤੇ ਨੇਂ ਤੇ

ਕਦੇ ਨਾਂ ਇਹ ਸੋਚਿਆ ਯਾਰੋ

ਧੁੱਪ ਉਹ ਪਾਵੇ ਮੰਦਰ ਤੇ ਯਾ ਮਸਜਿਦ ਤੇ

ਗੁਰੂਦਵਾਰੇ ਯਾ ਗਿਰਜੇ ਤੇ

ਰੱਬ ਨੇਂ ਬੰਦਾ ਇਕੱ ਬਣਾਇਆ

ਬੰਦੇ ਨੇਂ ਮਜ਼ਹਬ ਹਜਾਰ ਬਣਾਏ

ਕਿਤੇ ਉਸ ਨੇਂ ਮੰਦਰ-ਮਸਜਿਦ

ਕਿਤੇ ਗਿਰਜੇ ਅਤੇ ਮਜਾਰ ਬਣਾਏ

ਖੁਦਾ ਨੇਂ ਤਾਂ ਸਿਰਫ ਇਨਸਾਨ ਬਣਾਇਆ

ਉਸ ਨੇਂ ਹਿੰਦੂ - ਮੁਸਲਮਾਨ ਬਣਾਏ

ਇਕੱ ਹੈ ਈਸ਼ਵਰ ਏਕ ਖੁਦਾ ਹੈ

ਇਕੱ ਉੰਕਾਰ ਗੁਰੂ ਗ੍ਰੰਥ ਕਹੇ

ਕੁਰਾਨ ਬਾਈਬਲ ਦੀ ਬਾਣੀ ਇਕੱ ਹੈ

ਇਕੋੱ ਮੰਜਿਲ ਹਰ ਪੰਥ ਕਹੇ

ਮਾਏ ਨੀ ਮਾਏ ਮੈਂਨੂ ਚੋਲ਼ਾ ਸੀ ਦੇ, ਮੈਂ ਯਾਰ ਮਿਲਣ ਨੂੰ ਜਾਣਾ
ਮਿੰਨਤਾਂ ਕਰਦੀ ਲੈ ਦੇ ਘੁੰਘਰੂ, ਮੈਂ ਨੱਚ ਕੇ ਯਾਰ ਰਿਝਾਉਣਾਂ

ਲਾ ਮਹਿੰਦੀ ਗੋਰੇ ਗੋਰੇ ਹੱਥਾਂ ਤੇ, ਲੈ ਦੇ ਸੁਹਾਗ ਦਾ ਚੂੜਾ
ਸਜਾ ਦੇ ਰੂਪ ਅਨੋਖਾ ਮੇਰਾ, ਮੈਂ ਮਾਹੀ ਮਨਾਵਣ ਜਾਣਾ

ਮਾਏ ਕਰਾਂ ਮੈਂ ਮਿੰਨਤਾਂ ਤੇਰਿਆਂ, ਅਜੱ ਨਾ ਮੈਂਨੂ ਰੋਕੀਂ
ਸੁਰਖੀ ਸੁਰਮਾ ਲਾਉਣ ਦੇ ਮੈਂਨੂ, ਮੈਂ ਕੋਲ ਸੱਜਣ ਦੇ ਜਾਣਾ

ਪੈਸੇ ਧੇਲੇ ਅਜੱ ਹੈ ਕੱਲ ਨਹੀਂ, ਕੋਲ ਸਦਾ ਨਹੀ ਰਹਿਣੇਂ
ਦੇ ਕਰਨ ਕਮਾਇ ਇਸ਼ਕੇ ਦੀ, ਮੈਂ ਪਿਆਰ ਕਮਾਵਣ ਜਾਣਾ

ਕੱਲ ਵੀ ਤੋਰਨਾਂ ਏ ਤੋਰ ਦੇ ਅਜੱ ਹੀ, ਇਹ ਵੇਲਾ ਮੁੜ ਨਹੀ ਅਉਣਾਂ
ਕੱਲ ਕੱਲ ਨਾ ਕਰੀਂ ਵੇ ਮਾਇ, ਕੱਲ ਕਦੇ ਨਹੀ ਅਉਣਾਂ

ੴ

ਮੈਂ ਹਾਂ ਇਕੱ ਪਖੇਰੂ ਵਾਂਗਰ ਜਿਸਦੇ

ਨਾ ਹੀ ਪੰਖ ਨਾ ਆਲ੍ਹਣਾਂ

ਮਰੂ ਦੀ ਧਰਤੀ, ਤਪਦਾ ਸੂਰਜ

ਇਹ ਭਾਣਾਂ ਕਿਸਦਾ ਮਾਨਣਾ

ਨਾ ਮੈਂ ਆਇਆ, ਨਾ ਛੱਡਿਆ ਕਿਸੇ ਨੇਂ

ਕਿੱਦਾਂ ਕਿਵੇਂ ਹੈ ਔਖਾ ਜਾਨਣਾ

ਕੀ ਦੁਨਿਆਂ ਹੈ ਤੇ ਕਿੱਥੇ ਹੈ ਦਰ

ਕੌਣ ਦਵੇ ਇਹ ਚਾਨਣਾਂ

ਅਬੰਰੀਂ ਤਾਰੇ ਸੋਝੀ ਦੇਂਦੇ

ਤੂੰ ਏਥੇ ਹੀ ਹੈ ਆਵਣਾਂ

ਕੁਦਰਤ

ਜੇ ਰੱਬ ਆਣ ਕੇ ਕਹੇ ਮੈਨੂੰ

ਕੀ ਚਾਹੀਦਾ ਹੈ ਤੂੰ ਦੱਸ ਮੈਨੂੰ

ਮੈਂ ਕਹਾਂਗਾ ਉਸ ਰੱਬ ਨੂੰ

ਨਾਂ ਸਵਰਗਾਂ ਦਾ ਰਾਜ ਚਾਹੀਦਾ

ਨਾਂ ਹੀਰੇ ਜਵਾਹਰਾਤਾਂ ਨਾਲ ਹੈ ਪਿਆਰ ਮੈਨੂੰ

ਰੁੱਖ, ਪਸ਼ੂ ਤੇ ਪੰਛਿਆਂ ਨਾਲ

ਨਦਿਆਂ ਨਾਲੇ ਤੇ ਪਹਾੜਾਂ ਨਾਲ

ਡੂੰਗੇ ਸਮੁੰਦਰਾਂ 'ਤੇ ਉਚੇਂ ਪਰਬਤਾਂ ਨਾਲ ਹੈ ਪਿਆਰ ਮੈਨੂੰ

ਕੁਦਰਤ ਦਾ ਪ੍ਰੇਮੀ ਹਾਂ ਮੈਂ

ਜੇ ਦੇਣਾਂ ਹੀ ਚਾਹੁੰਦਾ ਹੈਂ

ਤਾਂ ਦੇ ਦੇ ਕੁਦਰਤ ਮੈਨੂੰ

शब्दावली

ख़ौफ़-ए-दोज़क	-	नर्क का डर
जन्नत	-	स्वर्ग
जुस्तजू	-	कोशिश
अक़बा	-	मौत के बाद की ज़िन्दगी
उल्फत	-	मौहब्बत, प्यार
ख़ुदगर्ज़	-	मतलबी, स्वार्थी
ताल्लुक	-	रिश्ता
सल्तनत-ए-इश्क	-	मौहब्बत की दुनियां
वज़ू	-	शुरु
रूबरू	-	सामने
तौफ़ीक	-	ज्ञान होना, मालूम होना
वस्ल-ए-कयामत	-	मृत्यु के वक्त मिलना
बज्म-ए-ग़ैर	-	बेगानों की महफिल
गुफ्तगु	-	बातचीत
फितरत-ए-फना	-	टूट जाने की आदत
ख़ुदी	-	होश
मुसल्सल	-	लगातार
फैज़	-	फायदा, लाभ
उम्रदराज़ी	-	लम्बी उम्र
मुफीद	-	फायदेमंद, लाभकारी
बेज़ार	-	ख़स्ताहाल
अफ़सुर्दा-दिली	-	दिल की निराशा
हुनर-ए-बख़शिश	-	वरदान देने का हुनर
ला-अख्तियार	-	अपनी मर्जी से

ज़हन	-	दिमाग
ताबीर	-	हकीकत
तामीर	-	ईमारत
आफताब	-	सूर्य
माहताब	-	चन्द्रमा
राहबरी	-	रासता बताना
आग़ाज़	-	शुरु
ग़म-ए-ग़ैर	-	दूसरों का दर्द
कफस	-	कब्र
अरज़ू-ओ-हश्र	-	ईच्छा और पूर्ती
सफ़र-ओ-मुक़ाम	-	सफर और मन्ज़िल
सवाब	-	ज़रिया, वजह
रफ्ता-रफ्ता	-	धीरे-धीरे
अज़ाब-ए-जिन्दगी	-	ज़िन्दगी की मुसीबत
तवक्को	-	ईच्छा, चाहत
अस्मत	-	इज्जत
ख़ुदी	-	स्वार्थ, होश
नाहक	-	बेवजह
गुरेज़	-	परहेज़
ता-उम्र	-	सारी ज़िन्दगी
क़ासिद	-	डाकिया
अज़ाब	-	मुसीबतें
मुनसिफ़	-	जज
अज़ीज़	-	प्यारा
बारहा	-	बार-बार

शुमार	-	शामिल होना
फ़ुग़ाँ	-	ख़ुशी
पिनहाँ	-	छुपा हुआ
संग	-	पत्थर
रकीब	-	दुश्मन
वर्क	-	पन्ना, पेज
नाशाद	-	दु:खी, निराश
इजाद	-	खोज, पैदाईश
वाईज़	-	उपदेशक
मैख़ाना	-	शराबख़ाना
नूरी	-	ख़ूबसूरत
तकरीरों के नश्तर	-	शब्दों के बाण
फ़ख़त	-	सिर्फ
फितरत-ए-वक्त	-	समय की आदत
तिश्नगी	-	पूरा करने की ईच्छा, प्यास
हया	-	शर्म
तबस्सुम	-	मुस्कुराहट
तौहमतें	-	इल्ज़ाम
फितरत	-	आदत
मयस्सर	-	मिलना
मँसूबा	-	इच्छा
वली	-	नास्तिक, नासमझ
राहगुज़र	-	रासता
मालिंद	-	तरह
बाज़ीचा-ए-इन्साँ	-	इन्सानों की बस्ती

अश्क-ए-बांदी	-	आँसुओं की बरसात
रहनुमा	-	रक्षा करने वाला
बादबानी	-	कश्ती
बंदा-परवर	-	भगवान
जफ़ा	-	बेवफ़ाई
तालीम-ए-ग़मख़्वारी	-	दर्द को सहने की ताकत
वखफ़ा	-	अलग
कुरबत	-	करीब होना
बे-पोश	-	बे-नकाब
फ़िज़ां	-	बहारें
दौर-ए-सुखन	-	शायरी का दौर
तुर्बत	-	कब्र